AF459494

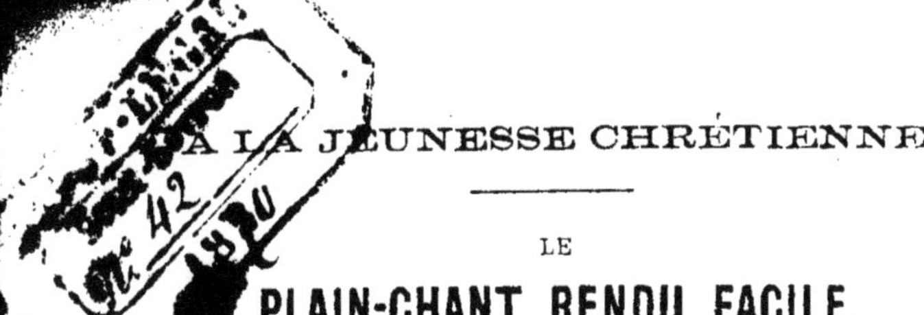

À LA JEUNESSE CHRÉTIENNE

LE

PLAIN-CHANT RENDU FACILE

LECTURE A PREMIÈRE VUE, SUR TOUTES LES CLEFS.

PETIT SOLFÉGE DES ÉCOLES

POUR FORMER LA VOIX DES ENFANTS

PAR F. ACHILLE DE LA MISÉRICORDE

SIXIÈME ÉDITION.

PARIS
F. BOUQUEREL, LIBRAIRE-ÉDITEUR
31, rue Cassette, 31.

Saint-Maixent, Typ. Ch. Reversé.

PETIT

SOLFÉGE DES ÉCOLES

INTRODUCTION

UN MOT SUR LE CHANT RELIGIEUX.

COMBIEN IL EST UTILE DE L'APPRENDRE ET DE L'ENSEIGNER.

PRINCIPES GÉNÉRAUX DU PLAIN-CHANT.

On appelle *Chant religieux*, ce chant grave, simple, mélodieux que la sainte Église emploie dans la célébration des divins offices.

Il serait à désirer que ce chant si beau, si solennel, si sublime, si touchant, lorsqu'il est exécuté avec ensemble et piété, fût connu de tous les fidèles et qu'on l'enseignât même dans les plus modestes écoles primaires, afin que, dans un avenir prochain, tous les chrétiens puissent former dans le temple saint un harmonieux concert à la louange du Très-Haut.

Voici ce que dit, à ce sujet, Monseigneur Parisis, évêque d'Arras, dans une lettre pastorale sur le chant religieux :

« Il n'est point de paroisse, si petite qu'elle soit, où l'on ne « puisse trouver des enfants, des adolescents et des hommes en

« assez grand nombre pour former, par la combinaison intelli- « gente des diverses natures de voix, des psalmodies très- « mélodieuses et de véritables concerts parfaitement religieux. »

Nous sommes persuadé que notre système de notation, qui simplifie beaucoup l'étude du chant, aidera puissamment à atteindre ce but. Cependant, comme le dit fort bien Monseigneur Parisis :

« Les moyens pour obtenir ce résultat si désirable se trouvent « placés (surtout) dans les mains des instituteurs de la jeunesse, « puisque ce sont eux qui sont chargés de former le premier « âge de la vie, cet âge où l'on dépose le germe des goûts, des « dispositions, des talents, et des vertus qui doivent diriger et « déterminer le reste de l'existence. »

Nous avons pensé qu'il fallait une méthode simple, facile et prompte en bons résultats pour donner l'essor : c'est pourquoi nous nous sommes mis à l'œuvre. Nous espérons compléter notre travail par la publication d'un PAROISSIEN ROMAIN COMPLET, à l'usage des fidèles et des chantres ; en attendant nous recommandons le PAROISSIEN DES ENFANTS.

« Que des leçons de Plain-Chant soient régulièrement « données par tous les instituteurs aux enfants qui leur sont « confiés ; que dans le cours de chaque semaine le chant du « dimanche suivant soit étudié, préparé, concerté par quelques « exercices pris en commun avec une application sérieuse... »

« Ainsi les enfants contracteront l'amour des divins offices, « en acquérant le goût, la science et l'habitude des saintes mé- « lodies de l'Église. Il y a longtemps qu'on l'a dit : — on ne « peut aimer ce qu'on ne connaît pas; aussi une des raisons du « dégoût d'un grand nombre d'hommes pour nos solennités, « c'est leur ignorance complète de ce qui s'y dit et s'y pratique. « Au contraire, on fait presque toujours volontiers ce que l'on

« sait bien faire... — Lorsque plusieurs générations auront été « ainsi formées, lorsque la partie la plus vivante d'une popula- « tion aura contracté l'heureux usage de prendre une part active, « par le concours intelligent de la voix, au culte public, alors « un attrait naturel s'associera aux motifs de foi pour convoquer « à la maison de Dieu, et il sera impossible que les offices d'une « telle paroisse soient, ainsi qu'ils le sont trop souvent, désertés « par les hommes. »

Puisse donc le zèle des prêtres, des membres des congrégations religieuses et des instituteurs s'unir à nos efforts pour obtenir cet heureux résultat.

— A. M. D. G. —

PRINCIPES GÉNÉRAUX DU PLAIN-CHANT

CARACTÈRES EMPLOYÉS DANS LA NOTATION.

1° Les signes employés pour écrire le Plain-Chant, sont *la portée*, les *notes*, les *clefs*, les *barres*, le *guidon*, le *bémol*, le *bécarre* et le *dièse*.

2° La *portée* comprend quatre lignes que l'on peut augmenter de lignes supplémentaires, soit au-dessus ou au-dessous quand ces lignes ne suffisent pas.

EXEMPLE :

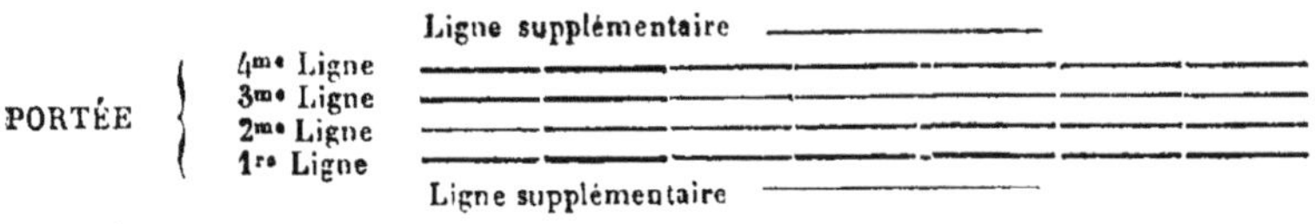

Ligne supplémentaire ————————

PORTÉE
4me Ligne ————————————————
3me Ligne ————————————————
2me Ligne ————————————————
1re Ligne ————————————————

Ligne supplémentaire ————————

3° Il y a sept *notes* que l'on désigne par les syllabes :

DO. RÉ, MI, FA. SOL, LA, SI.

On les représente sous trois formes différentes :

La carrée, *la carrée à queue,* *et la losange.*

4° Les *clefs* sont à peu près inutiles avec notre système de notation ; cependant nous les conserverons afin de ne rien changer à la notation ordinaire du chant romain.

5° On appelle *barres* des lignes verticales qui se placent sur la portée ; il y en a de trois sortes : les petites barres, les grandes barres et les doubles barres.

EXEMPLE :

petite barre grande barre double barre

6° Les *petites barres* servent à marquer les endroits où l'on doit respirer; les *grandes barres* ou *barres de repos*, à distinguer les différents membres d'une période de chant. Les *doubles barres* se mettent à la fin des pièces de chant. Elles servent à marquer les mots de l'intonation. On les emploie aussi pour séparer les diverses parties d'un morceau qui doit être chanté par plusieurs personnes alternativement.

7° Le *guidon* est une demi-note qui se place à la fin de chaque portée pour indiquer la note qui commence la portée suivante. Comme ce signe est peu utile avec notre système, nous ne l'emploierons pas.

SIGNES ACCIDENTELS

8° Le *bémol* est un signe qui baisse d'un demi-ton la note qu'il affecte. Le *bémol* placé à la clef est continu ; il affecte toutes les notes de la ligne ou de l'interligne où il se trouve ; lorsqu'il est accidentel, il n'affecte que la note devant laquelle il est placé.

9° Le *bécarre* détruit l'effet du *bémol* et remet la note dans son ton naturel.

10° Le *dièse* hausse d'un demi-ton la note qu'il affecte ; son effet est également détruit par le *bécarre ;* il est aussi continu ou accidentel, selon qu'il est placé soit à la clef ou devant une note isolée.

11° On appelle *gamme* la série des sept notes du plain-chant, complétée par la répétition de la première.

GAMME NATURELLE

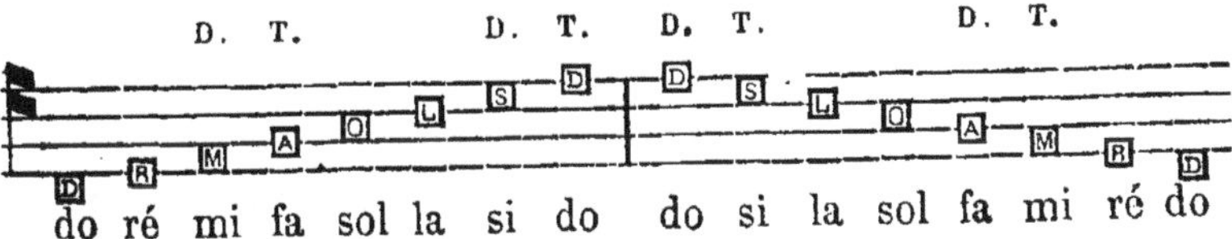

12° La différence de sons entre deux notes établit entre elles une relation que l'on nomme *intervalle* ; or, une gamme comprenant huit sons renferme naturellement sept *intervalles*, dont cinq d'un *ton* et deux d'un *demi-ton*. La position des demi-tons est marquée, dans le *tableau des gammes*, par les lettres D. T.

TABLEAU DES INTERVALLES

Seconde Tierce Quarte Quinte Sixte Octave

13° Chacune des notes peut recevoir trois dénominations différentes : 1° son nom propre, 2° le nom de son ordre, 3° le nom que lui donne sa fonction dans la gamme.

EXEMPLE :

DO	RÉ	MI	FA	SOL	LA	SI	DO
Première	Seconde	Tierce	Quarte	Quinte	Sixte	Septième	Octave
Tonique	Sus-Tonique		Sous-Dominante	Dominante	Sus-Dominante	Sensible	

14° La *gamme* peut commencer indifféremment par l'une des sept notes du plain-chant.

15° VALEUR DES NOTES

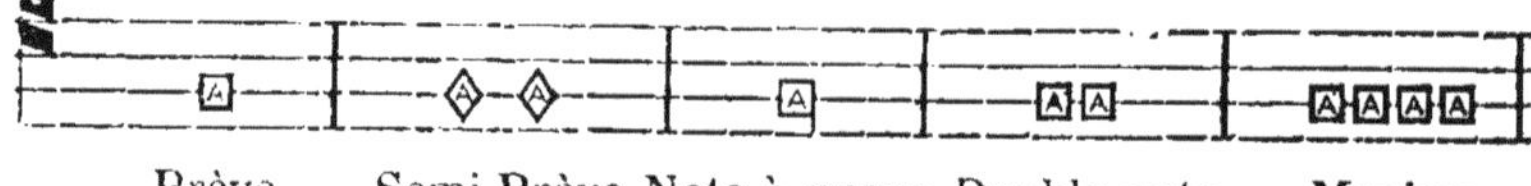

Brève Semi-Brève Note à queue Double note Maxime

La *note brève* ou *carrée* est la note normale du plain-chant.

La *semi-brève* ou *losange* se coule plus légèrement que la brève.

La *note à queue*, ainsi nommée parce qu'elle est affectée d'un trait vertical, se fait entendre plus fortement que la brève ; la voix s'appuie dessus en chantant.

La *double note* demande à être tenue plus longtemps que les autres notes ; mais ni les unes ni les autres n'ont de mesure de précision comme dans la musique.

La *maxime* n'est plus en usage que dans l'harmonie.

DES NEUMES OU GROUPES DE NOTES.

16° *Règle générale.* Pour bien exécuter les *neumes* il faut lier les notes avec douceur, et éviter, avec le plus grand soin, les coups de voix martelés et saccadés.

Les principaux neumes sont :

le Podatus, le Clivus, le Torculus et le Quilisma.

1° On accentue la note la plus élevée du *Clivus.*

2° Les trois notes du *Torculus* se font égales ; mais dans une succession de *Torculus*, on coule les notes doucement et l'on accentue la dernière.

3° On coule avec douceur les notes du *Quilisma*, et l'on accentue la plus élevée.

DES MORCEAUX SYLLABIQUES.

17° Pour bien exécuter les morceaux de chant syllabiques, c'est-à-dire ceux qui n'ont le plus souvent qu'une note sur chaque syllabe , on accentue : 1° tous les monosyllabes ; 2° la première syllabe des mots de deux syllabes ; 3° l'avant-dernière des mots qui en ont trois et plus. Si cette syllabe est brève prosodiquement, on accentue celle qui la précède.

Ces règles souffrent quelques exceptions, mais ces exceptions ne sont pas à la portée des enfants. Il suffira de leur faire appliquer l'accentuation régulièrement marquée dans les *livres d'offices*.

EXEMPLE :

Les notes sur lesquelles la voix doit s'appuyer sont marquées par une queue.

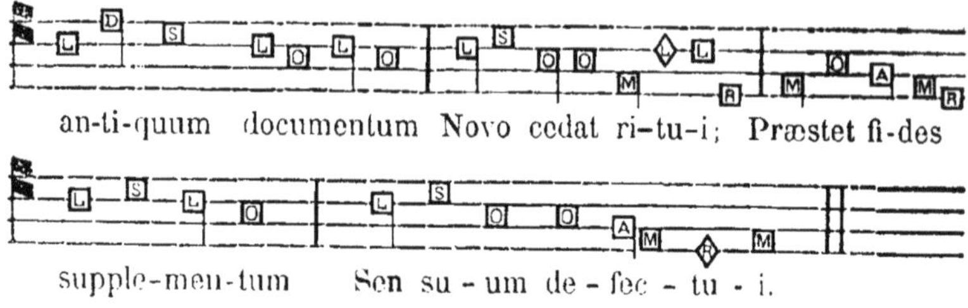

NOTATION ANCIENNE

GAMME SUR LES TROIS CLEFS

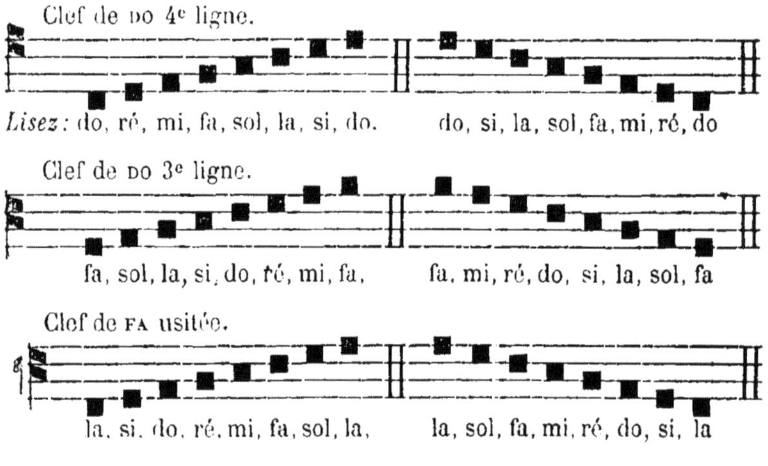

NOTA

Nous avons intercalé dans cette nouvelle édition quelques exercices de notation noire ordinaire, afin que les élèves qui apprendront le plain-chant avec cette méthode facile, puissent être employés comme chantres au lutrin.

TABLEAU DES GAMMES

La lettre initiale intercalée indique le nom de chaque note
Les lettres D. T. marquent la position des DEMI-TONS.

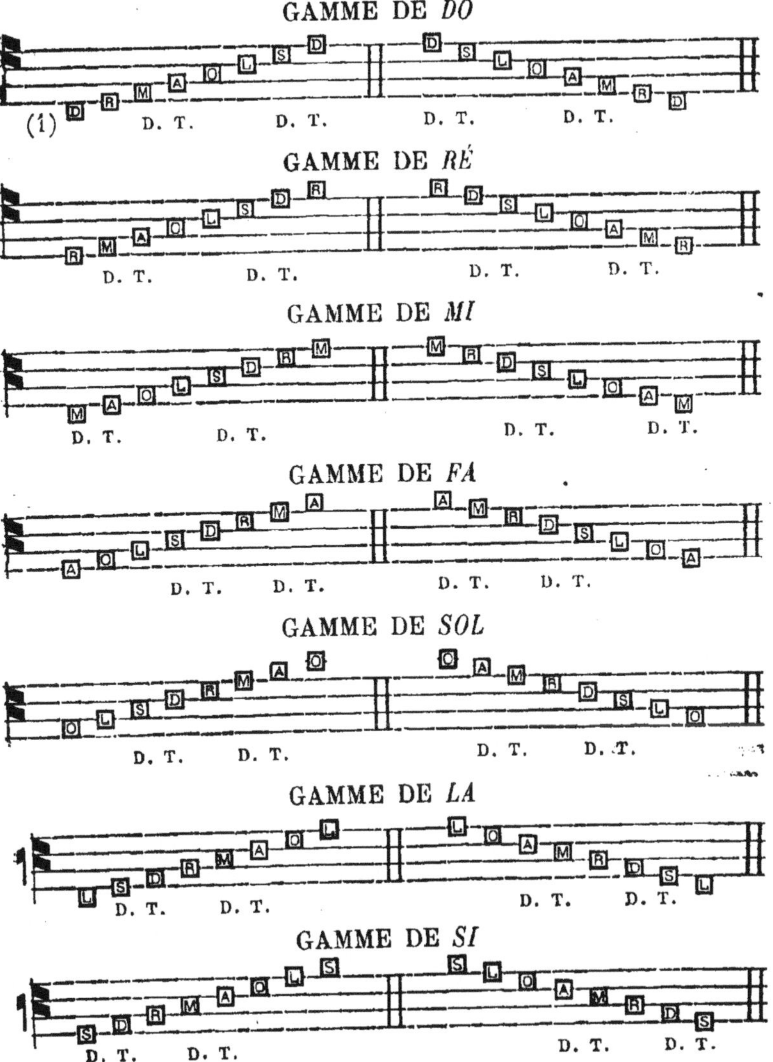

(1) Solfiez en prenant sur le même ton la 1re note de toutes les gammes.

LEÇON PRÉPARATOIRE

EXERCICES DE LECTURE

COMPARAISON DE CETTE NOTATION ÉCRITE, SI FACILE A APPRENDRE, AVEC LA NOTATION MUETTE, SI DIFFICILE A LIRE SUR TOUTES LES CLEFS.

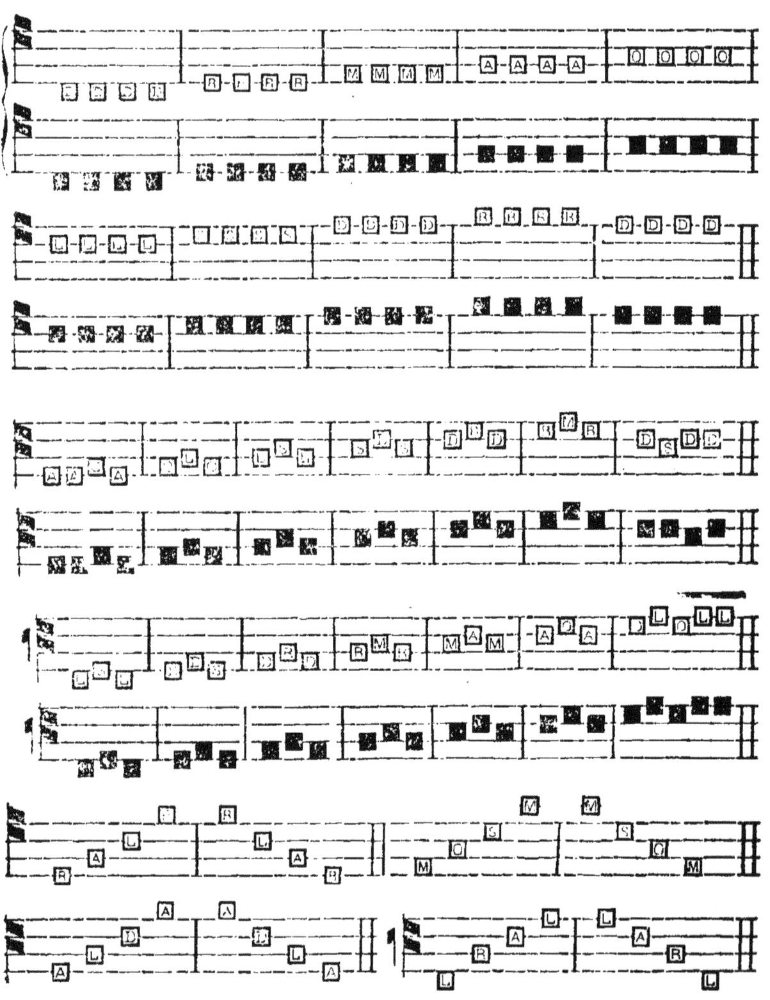

PREMIÈRE LEÇON

INTONATION

Répétez chaque exercice plusieurs fois avant de passer au suivant.

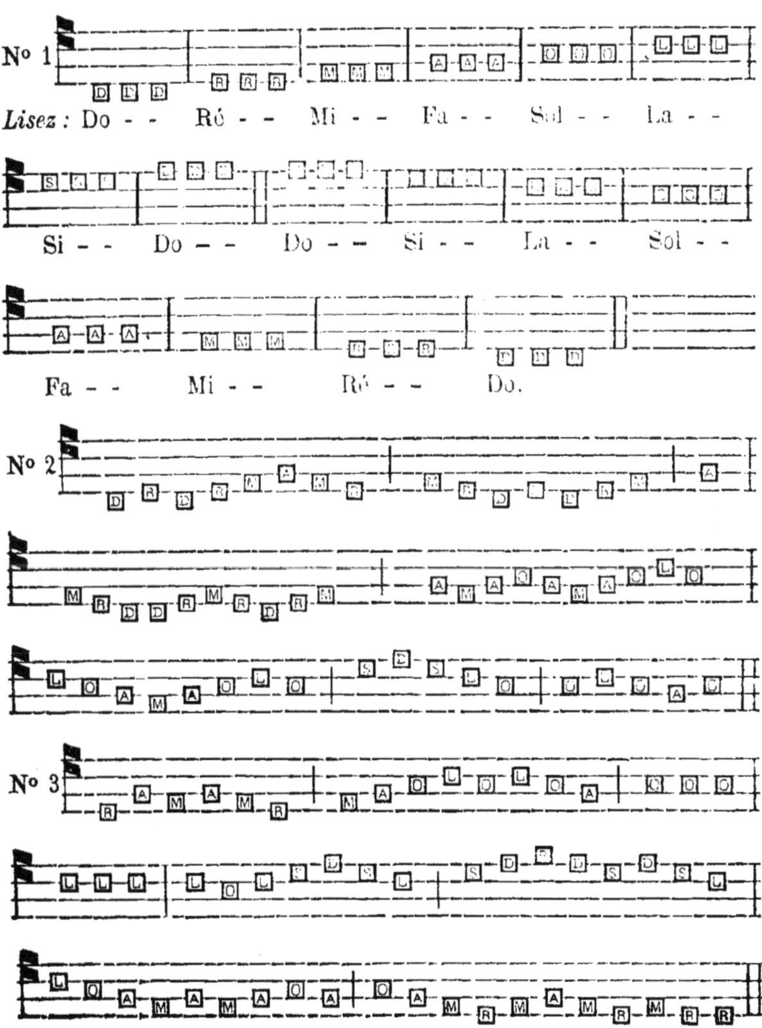

DEUXIÈME LEÇON

ÉTUDE DES INTERVALLES DE SECONDE ET TIERCE

EXERCICES SUR LES NOTES BRÈVES. — CHANT MESURÉ (1).

MAINZER.

(1) *Nota.* Nous remplaçons, par ces petits exercices, quelques numéros jugés trop difficiles. — Quant au reste, cette édition est en tout conforme aux précédentes. — Nous n'aimons pas les changements.

TROISIÈME LEÇON

ÉTUDE DES INTERVALLES DE QUARTE

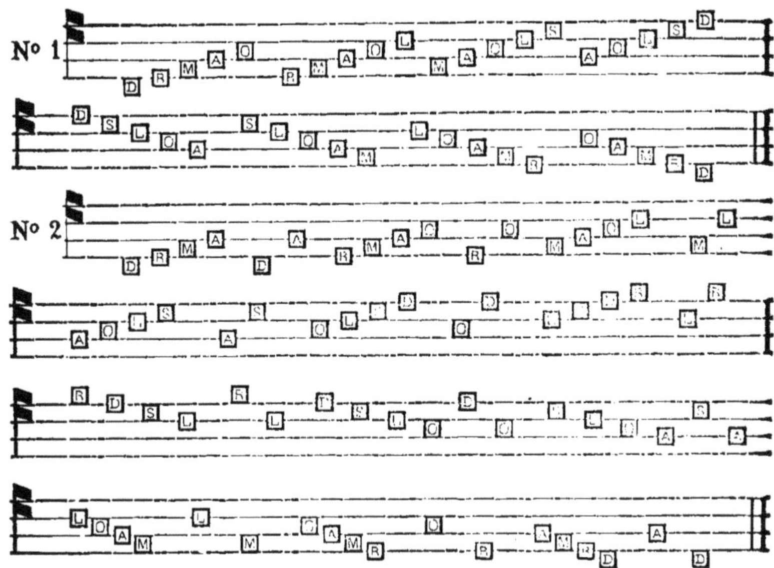

NOTES DOUBLES ET NOTES SIMPLES

EXERCICES A 2 VOIX

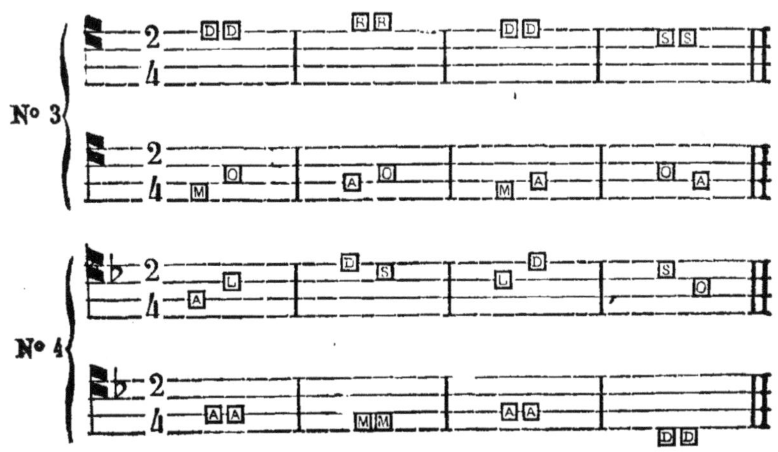

QUATRIÈME LEÇON

ÉTUDE DES INTERVALLES DE QUINTE

Nous ne donnons point de leçons spéciales sur les intervalles de sixte, septième et octaves. En étudiant les formules des tons les élèves feront l'application des intervalles usités

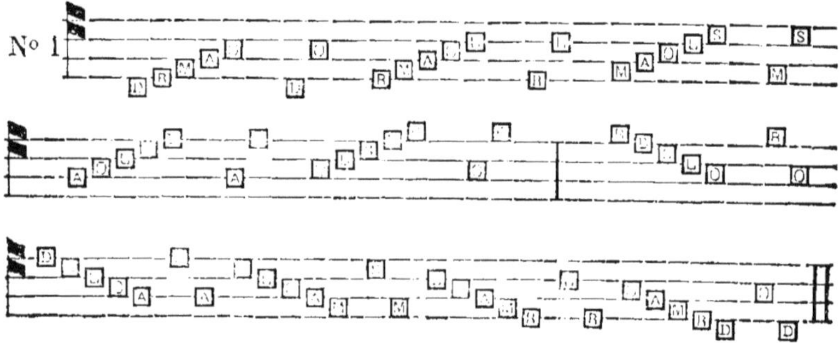

EXERCICE AVEC PAROLES

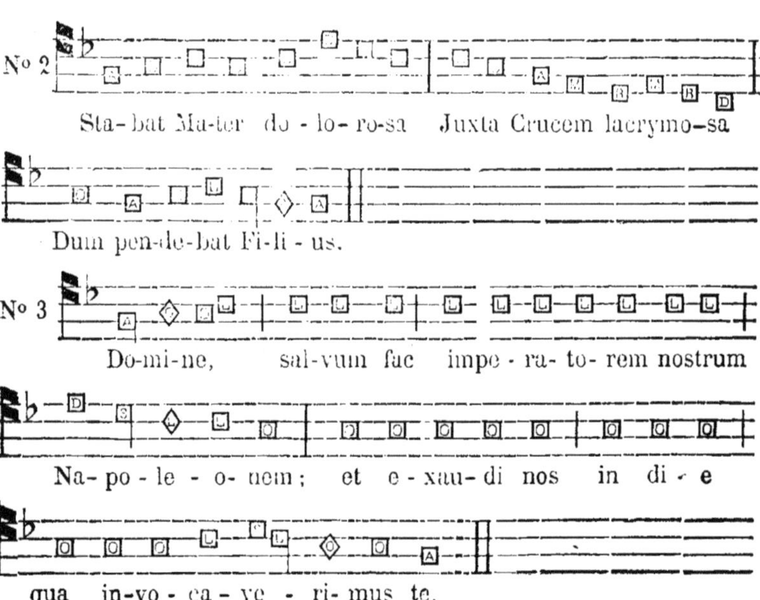

CINQUIÈME LEÇON

CHANT MESURÉ (1)

1er COUPLET

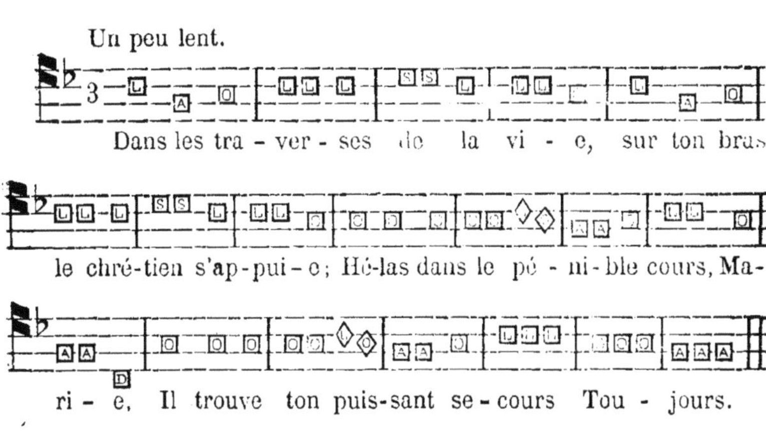

2e COUPLET

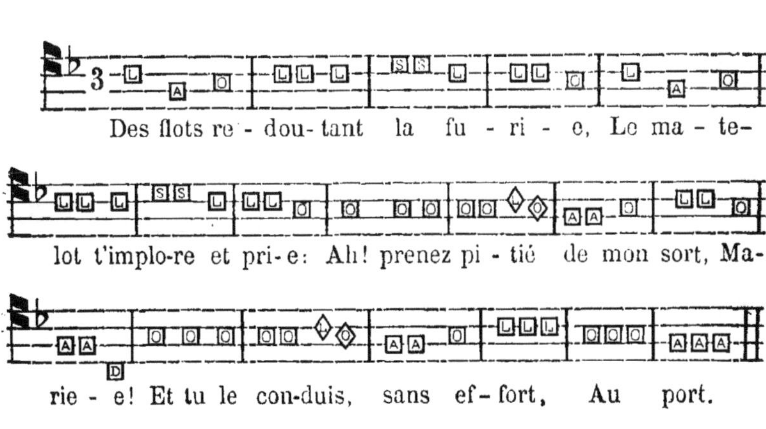

(1) Nota. — Les élèves qui ne désirent pas apprendre le chant mesuré passeront cette leçon et la suivante.

SIXIÈME LEÇON

CHANT MESURÉ

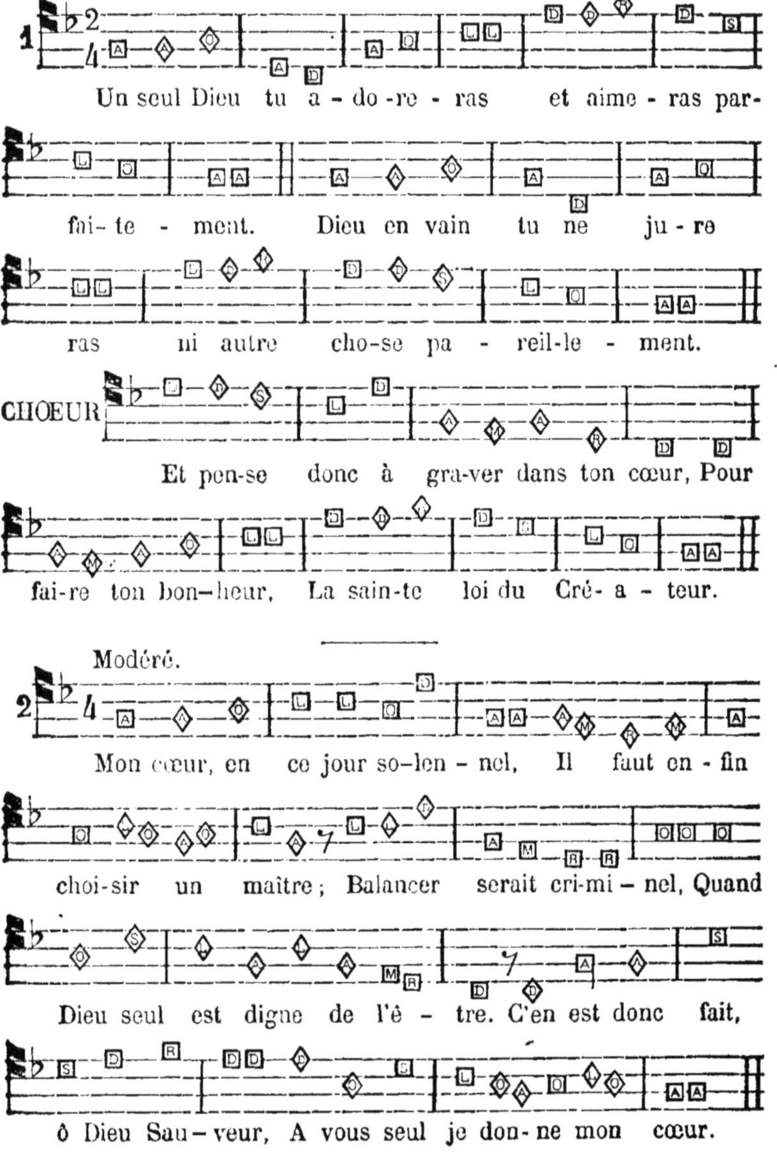

SEPTIÈME LEÇON

PRINCIPALES FORMULES DU 1er TON

BÉMOL ACCIDENTEL

FORMULES DU 1er TON

BÉMOL ACCIDENTEL

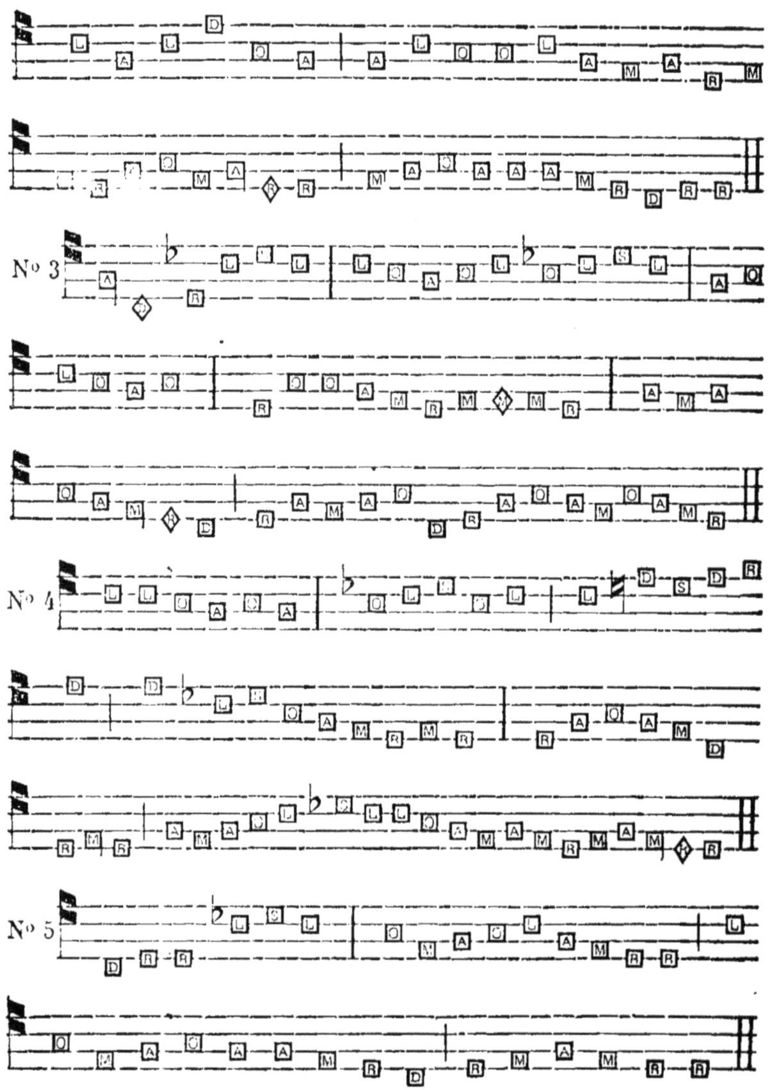

APPLICATION DES NOTES AUX PAROLES

INTROÏT DE LA FÊTE DE TOUS LES SAINTS

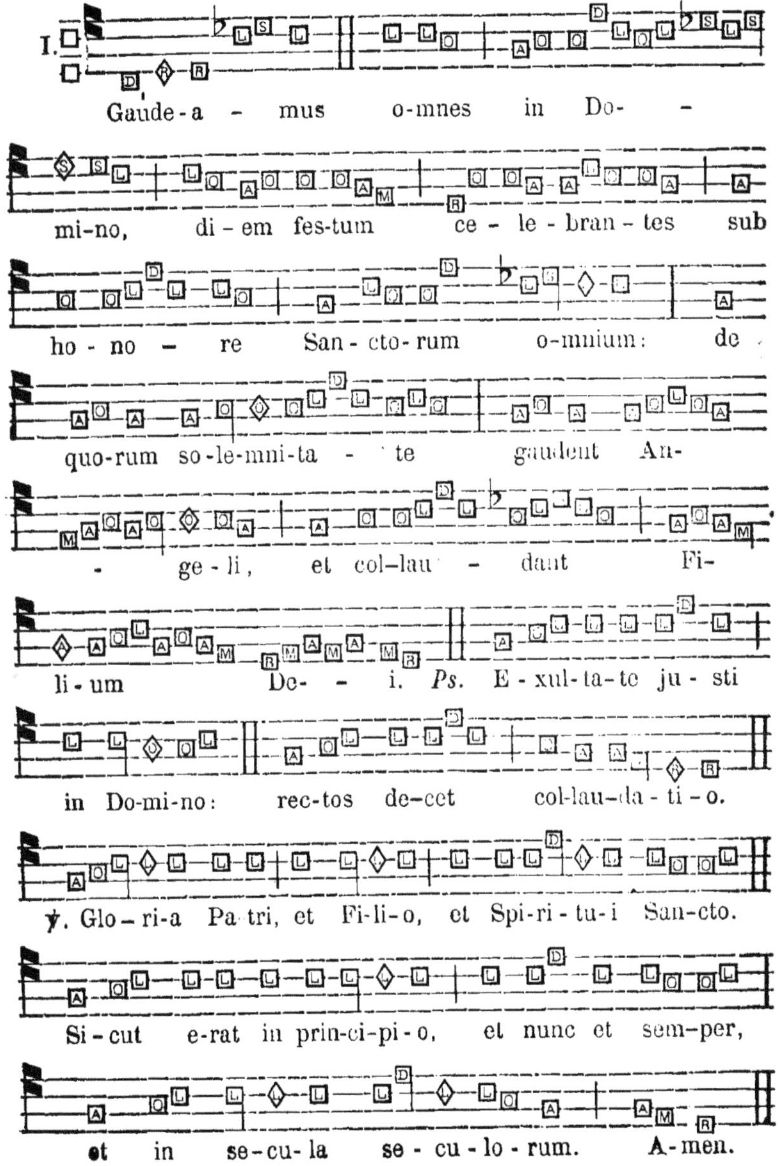

HUITIÈME LEÇON

FORMULES ORDINAIRES DU 2e TON

CLEF DE FA USITÉE, 3e LIGNE

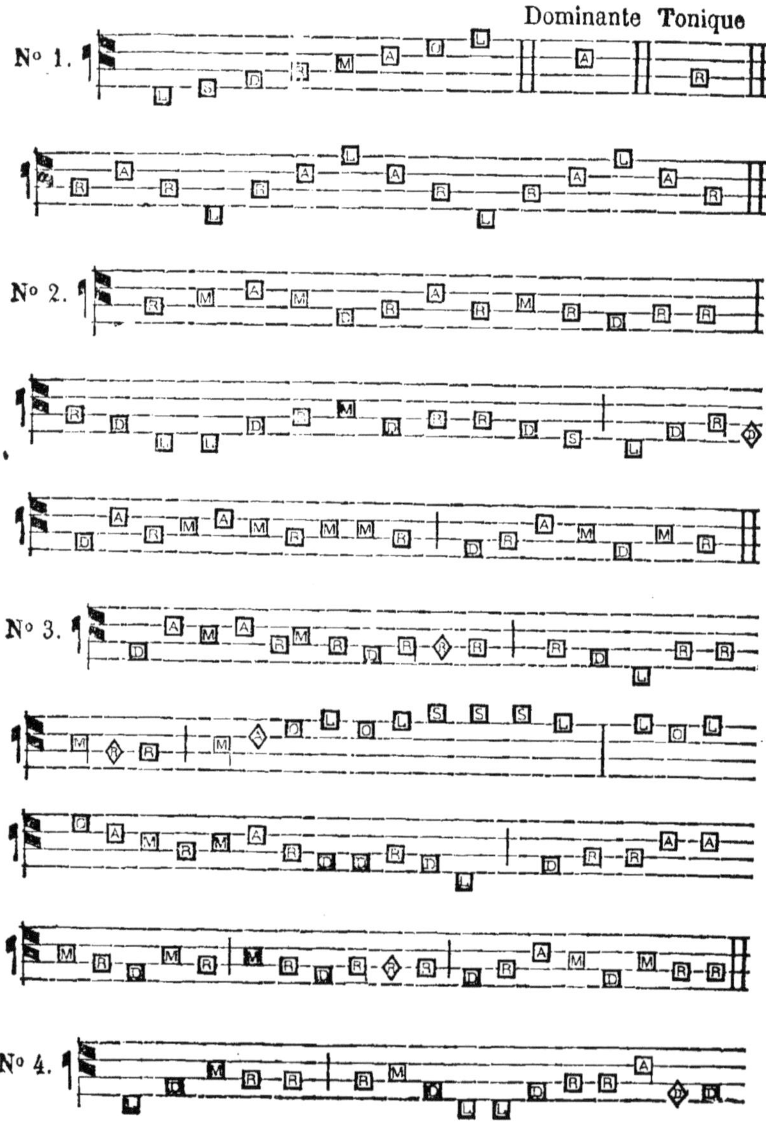

FORMULES ORDINAIRES DU 2e TON

CLEF DE FA

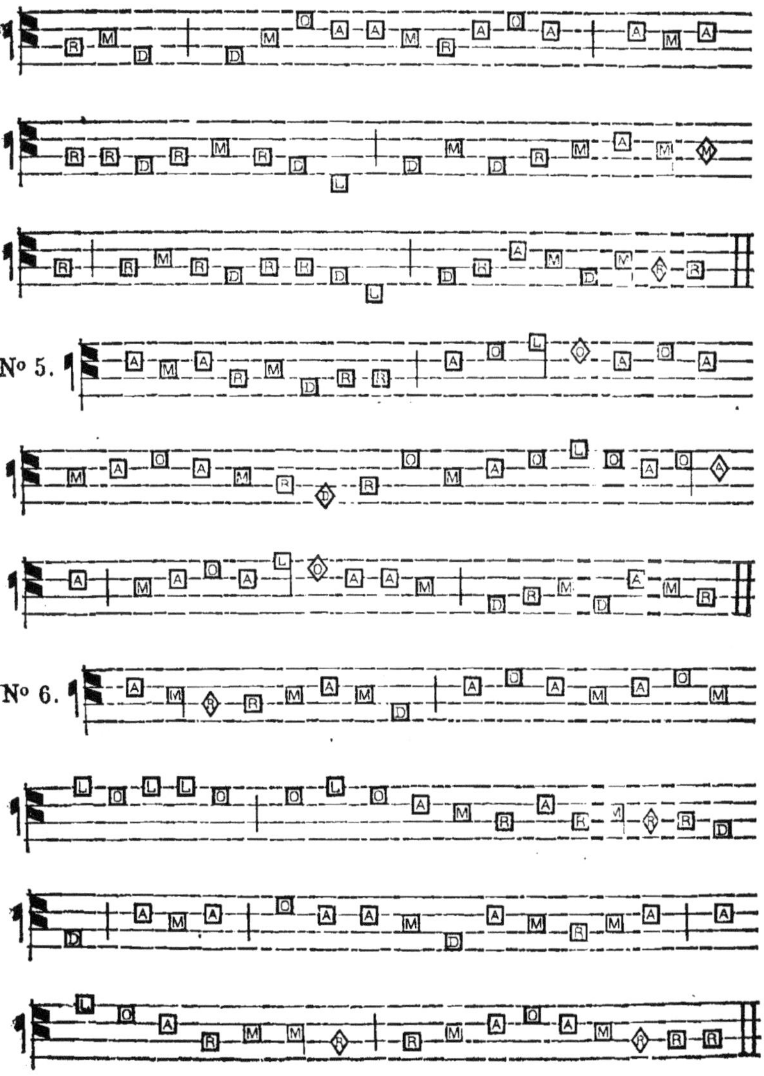

APPLICATION DES NOTES AUX PAROLES

INTROÏT DE LA FÊTE DU SAINT-SACREMENT

2e Ton

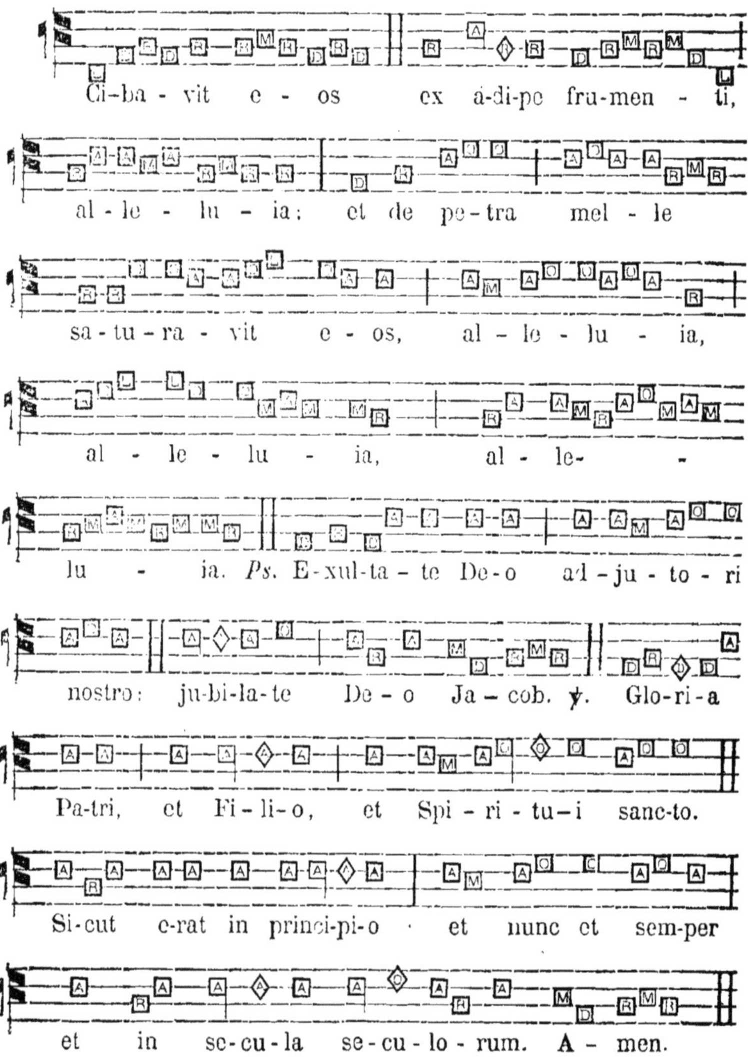

NEUVIÈME LEÇON

FORMULES DU 5^e^ TON

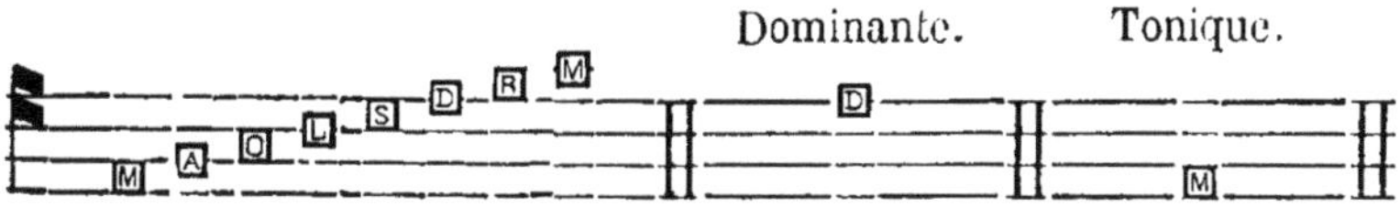

Dominante. Tonique.

FORMULES ORDINAIRES

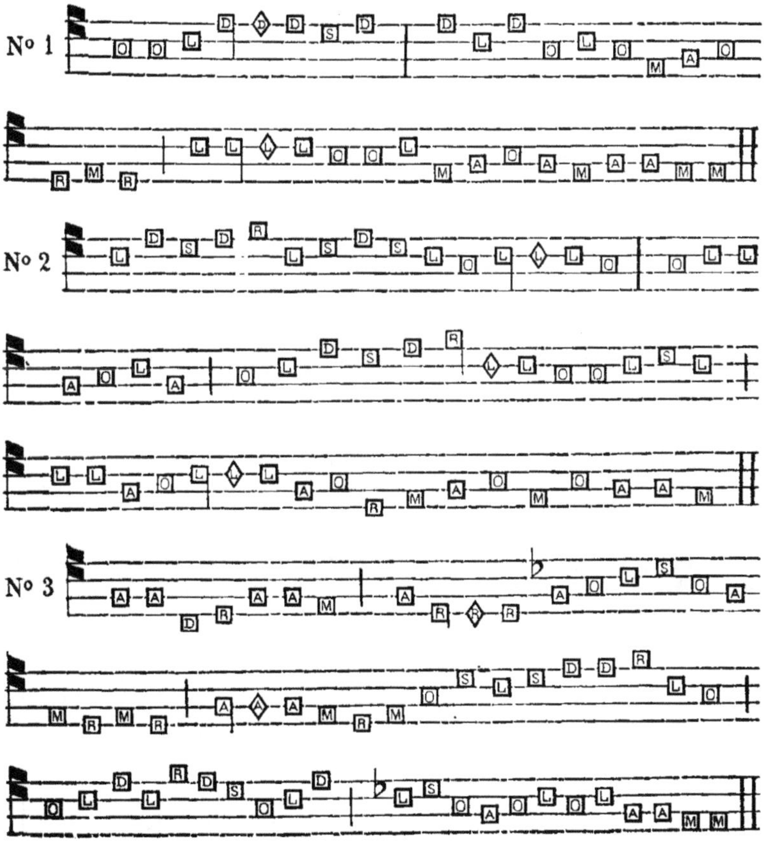

Nº 1

Nº 2

Nº 3

FORMULES DU 3e TON

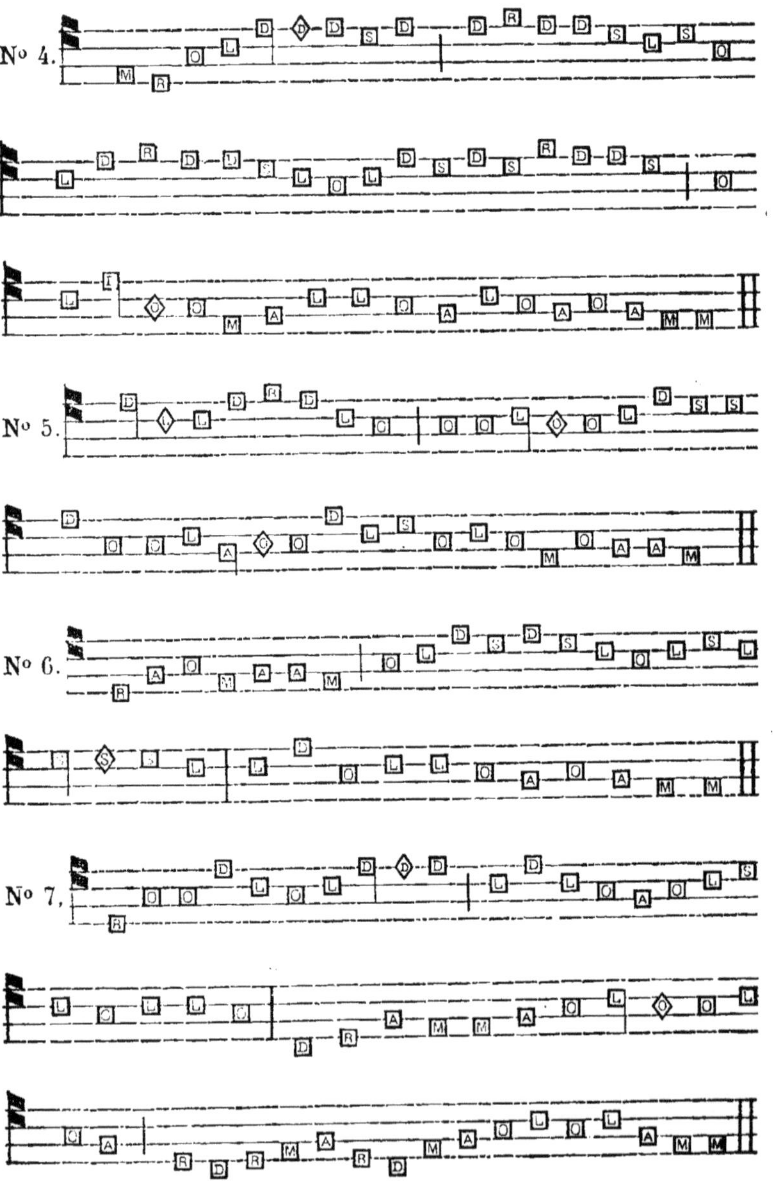

APPLICATION DES NOTES AUX PAROLES

INTROÏT DE LA FÊTE DE SAINT LAURENT

(10 août)

DIXIÈME LEÇON

FORMULES DU 4e TON

BÉMOL ACCIDENTEL

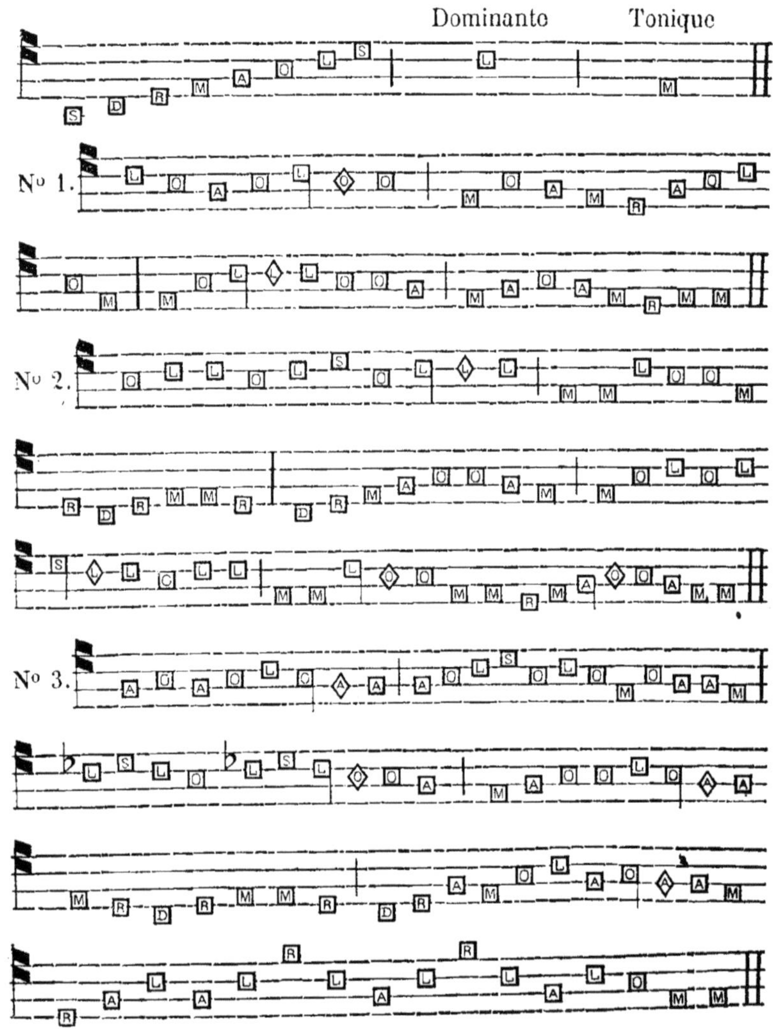

APPLICATION DES NOTES AUX PAROLES

INTROÏT DU JEUDI SAINT

4.

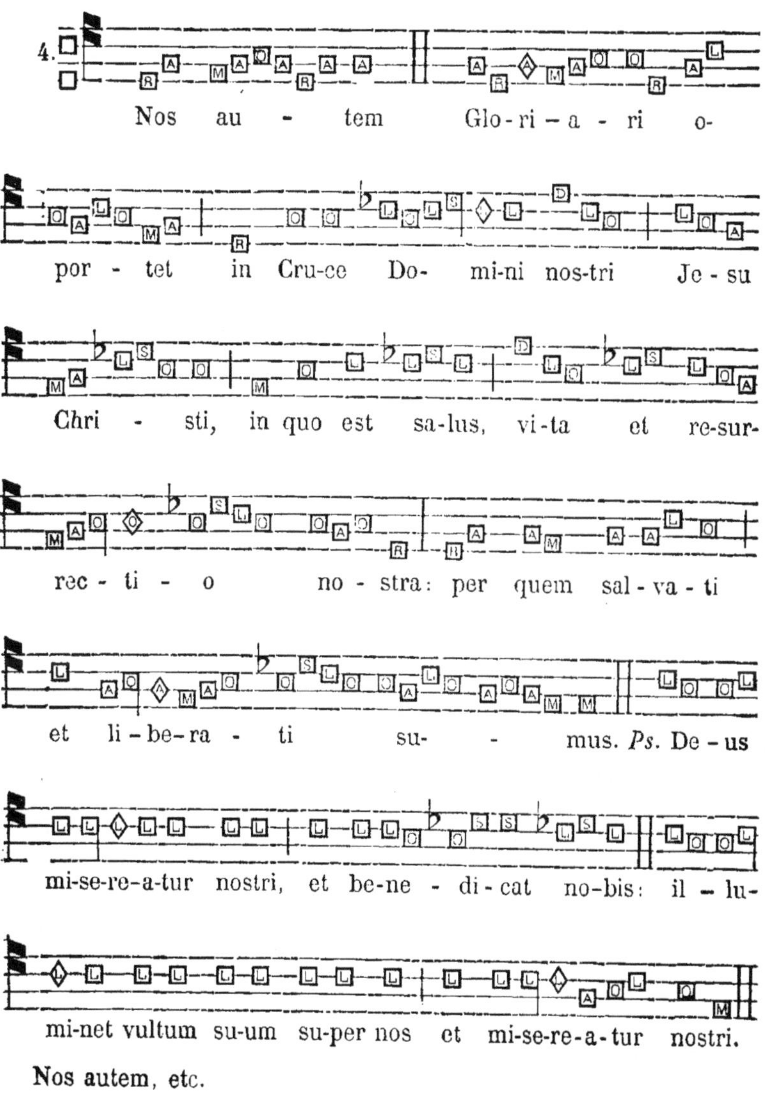

Nos autem, etc.

ONZIÈME LEÇON

FORMULES DU 5e TON

CLEF DE DO SUR LA 3e LIGNE

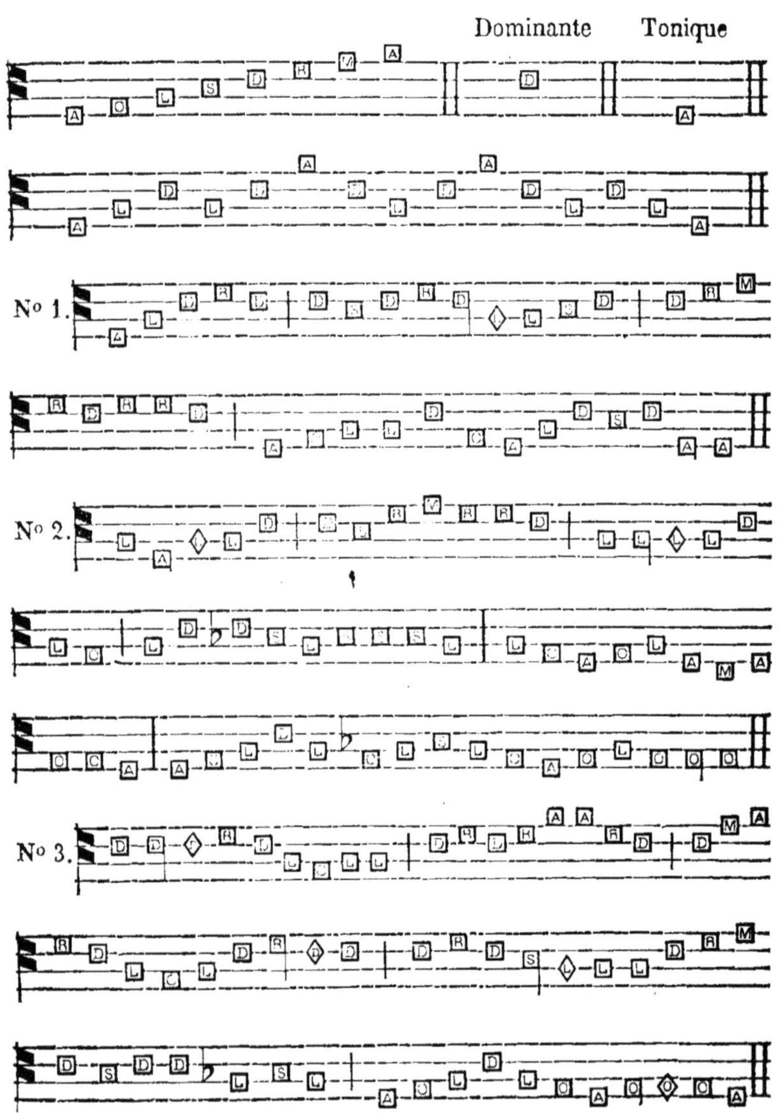

APPLICATION DES NOTES AUX PAROLES

INTROÏT DU DIMANCHE DE LA SEPTUAGÉSIME

5e Ton

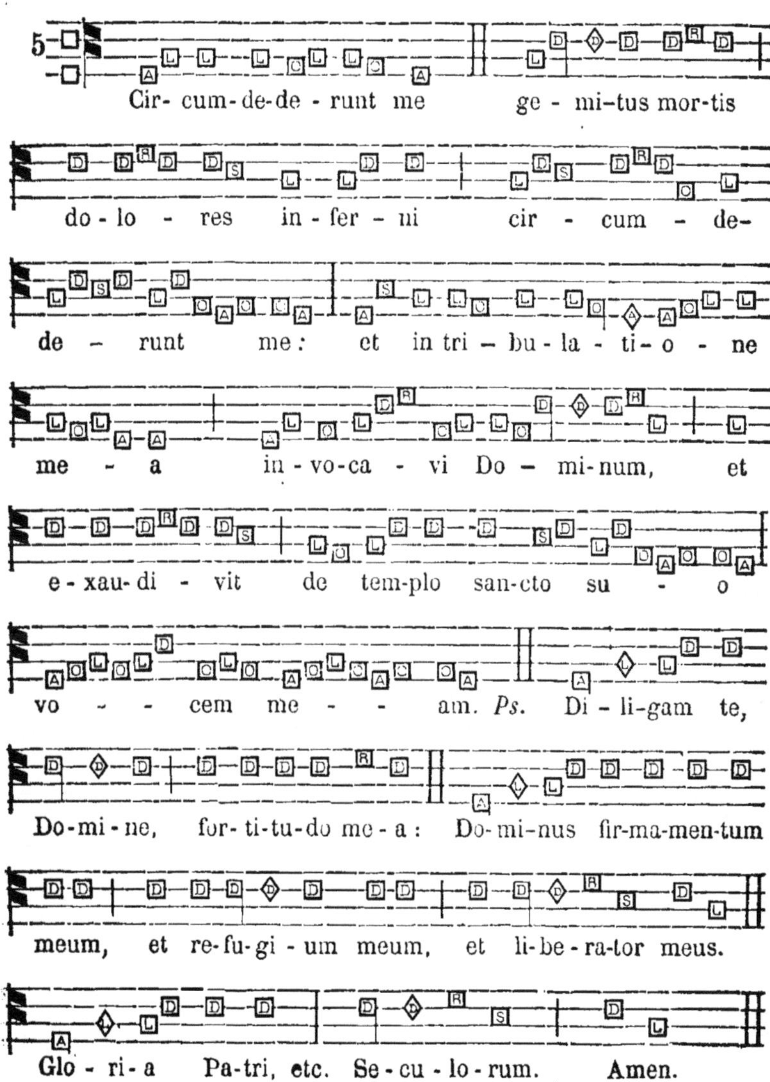

DOUZIÈME LEÇON

FORMULES DU 6e TON

BÉMOL CONTINU

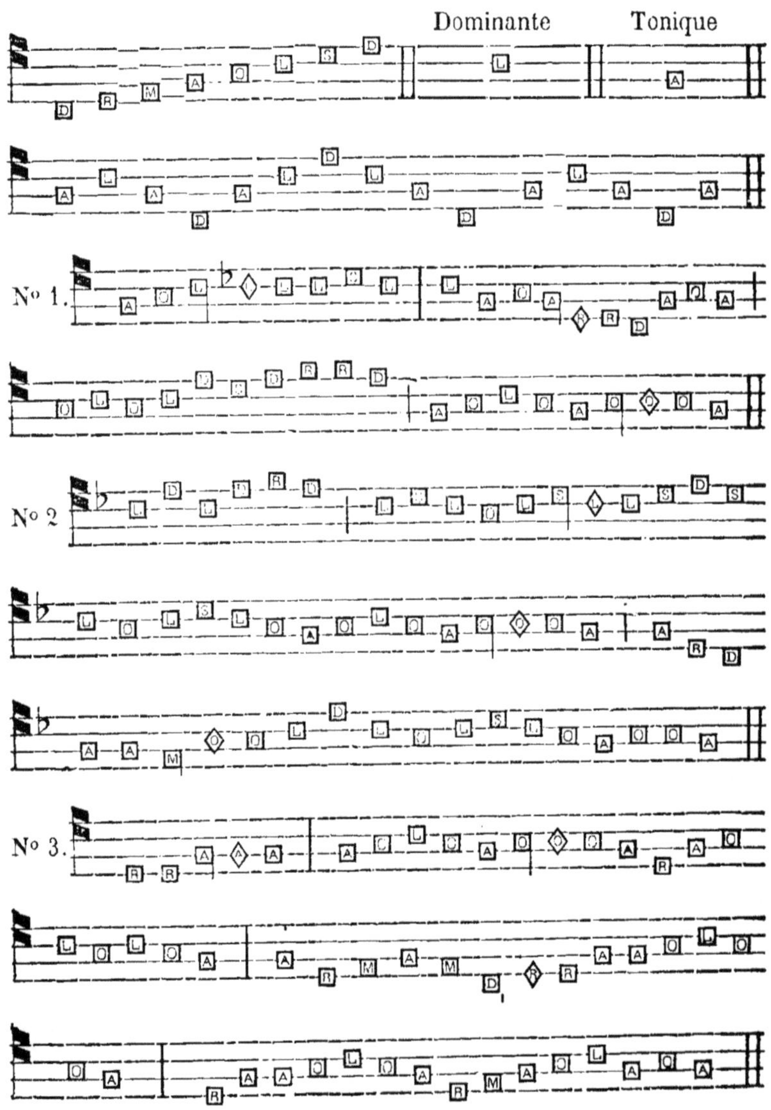

FORMULES DU 6e TON

EXERCICES SUR LE BÉMOL

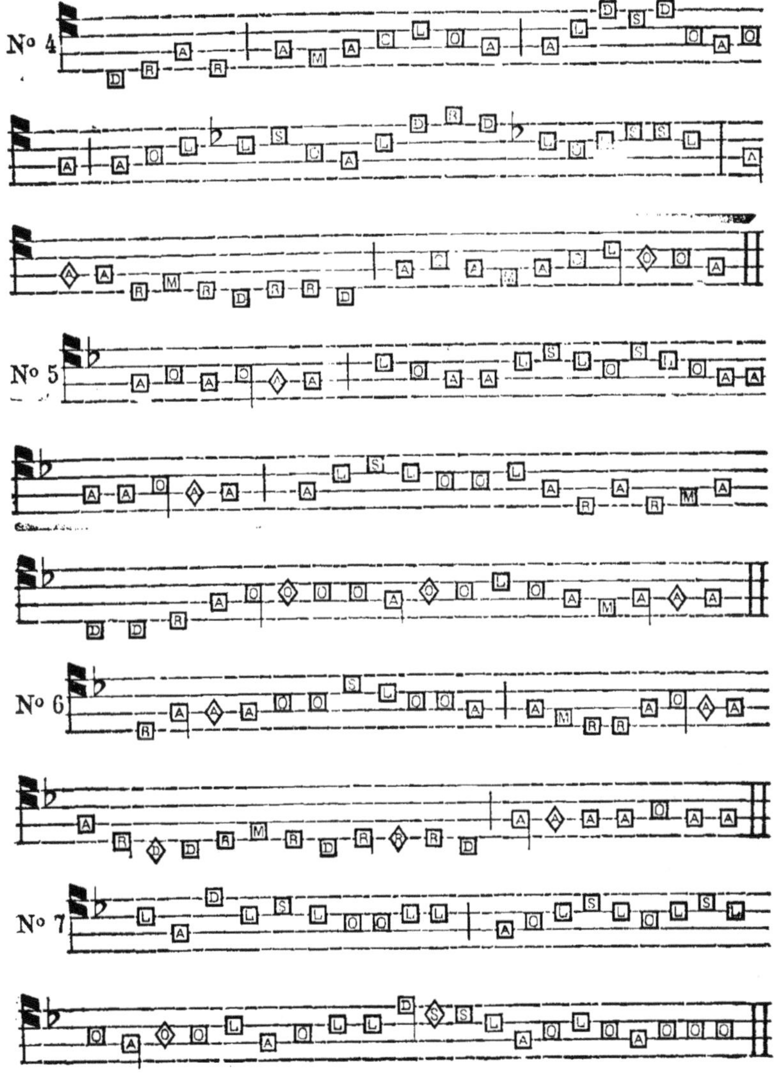

APPLICATION DES NOTES AUX PAROLES

INTROÏT DU DIMANCHE DE QUASIMODO

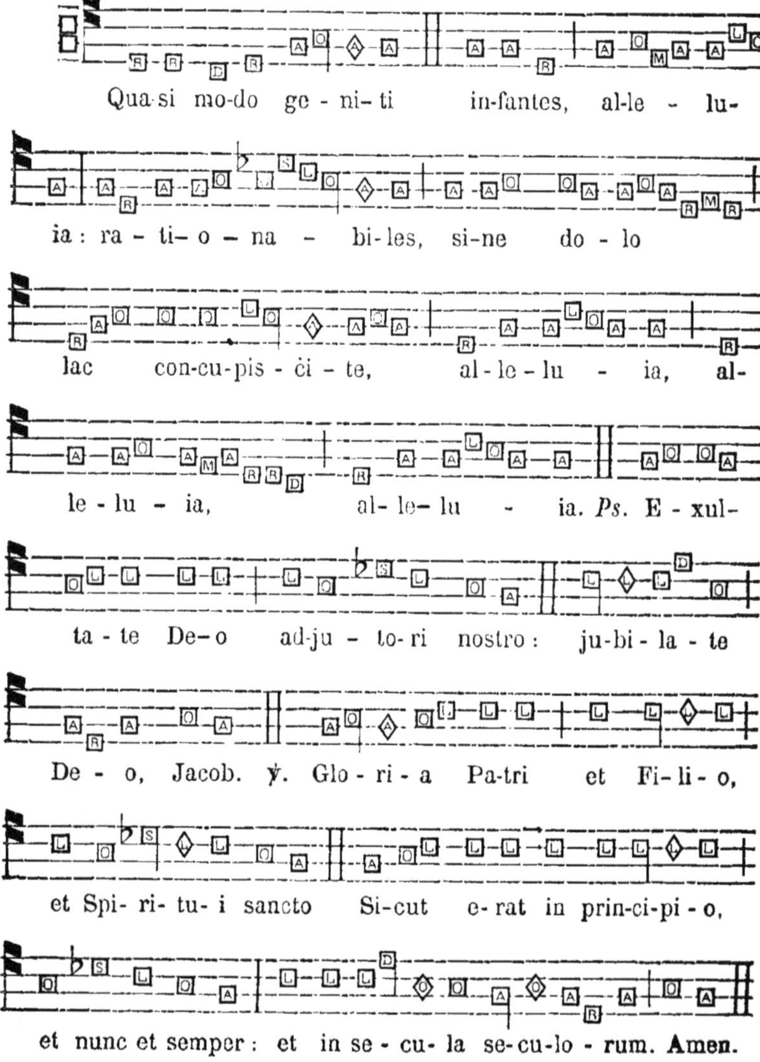

TREIZIÈME LEÇON

FORMULES DU 7[e] TON

Etendue. Dominante. Tonique.

Nº 1

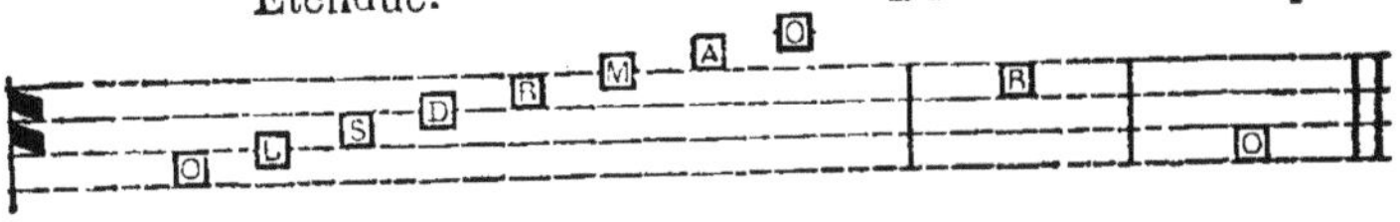

Nº 2

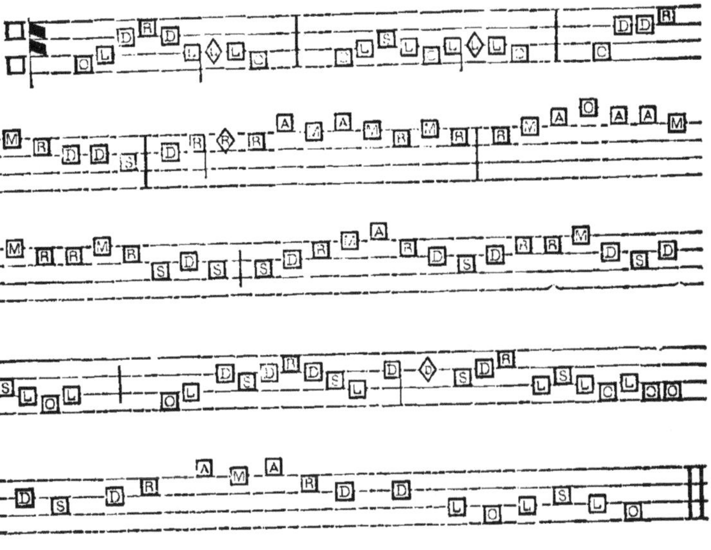

Nº 3

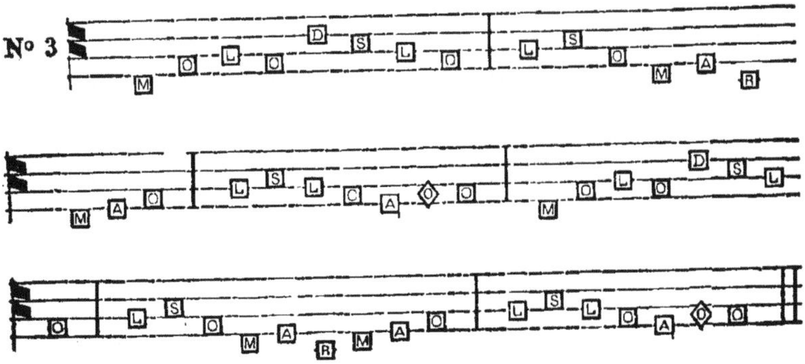

FORMULES DU 7^e^ TON

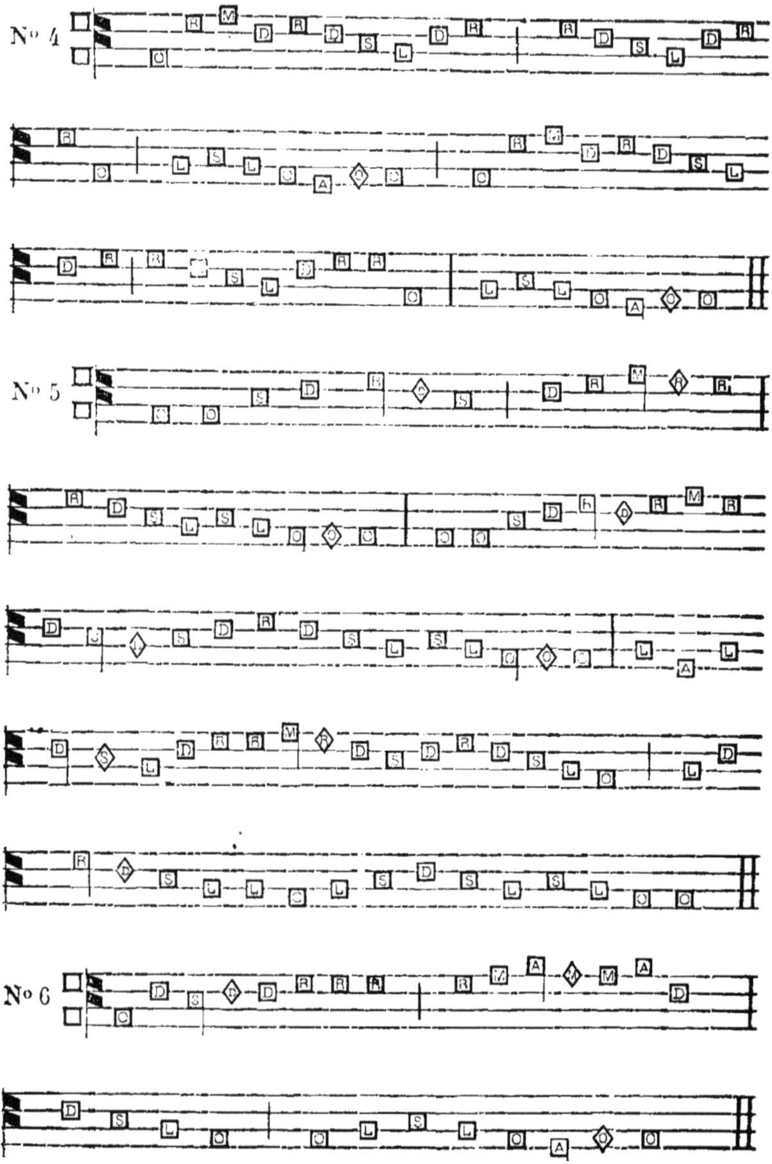

APPLICATION DES NOTES AUX PAROLES

INTROÏT DU 3e DIMANCHE DE CARÊME

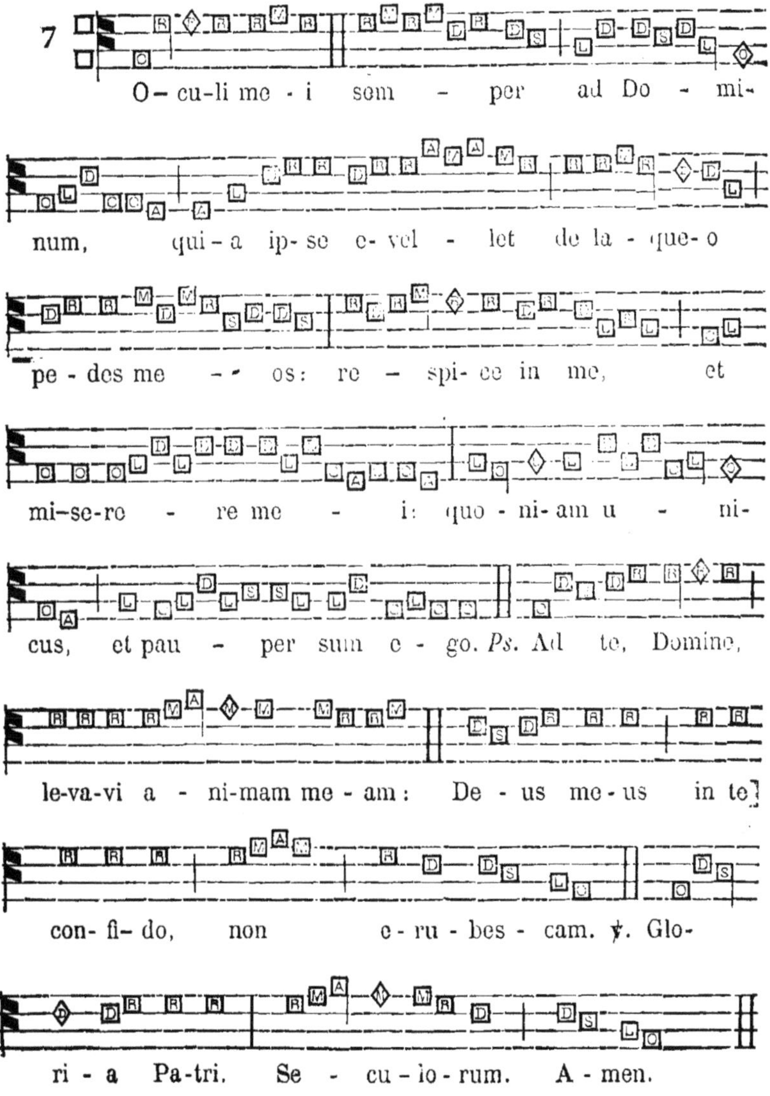

QUATORZIÈME LEÇON

FORMULES DU 8^{e} TON

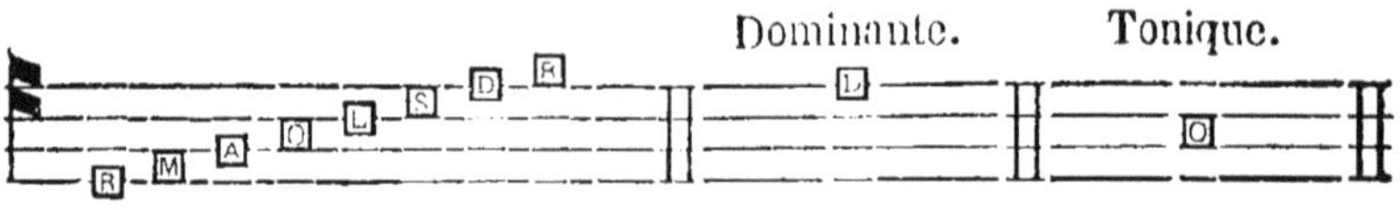

Dominante. Tonique.

FORMULES ORDINAIRES

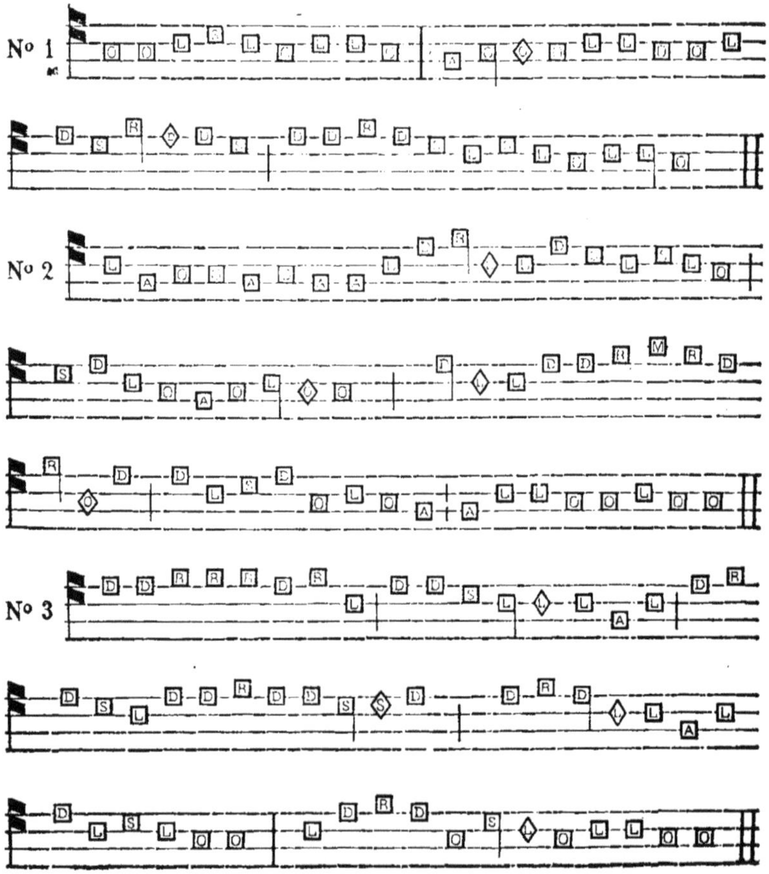

N° 1

N° 2

N° 3

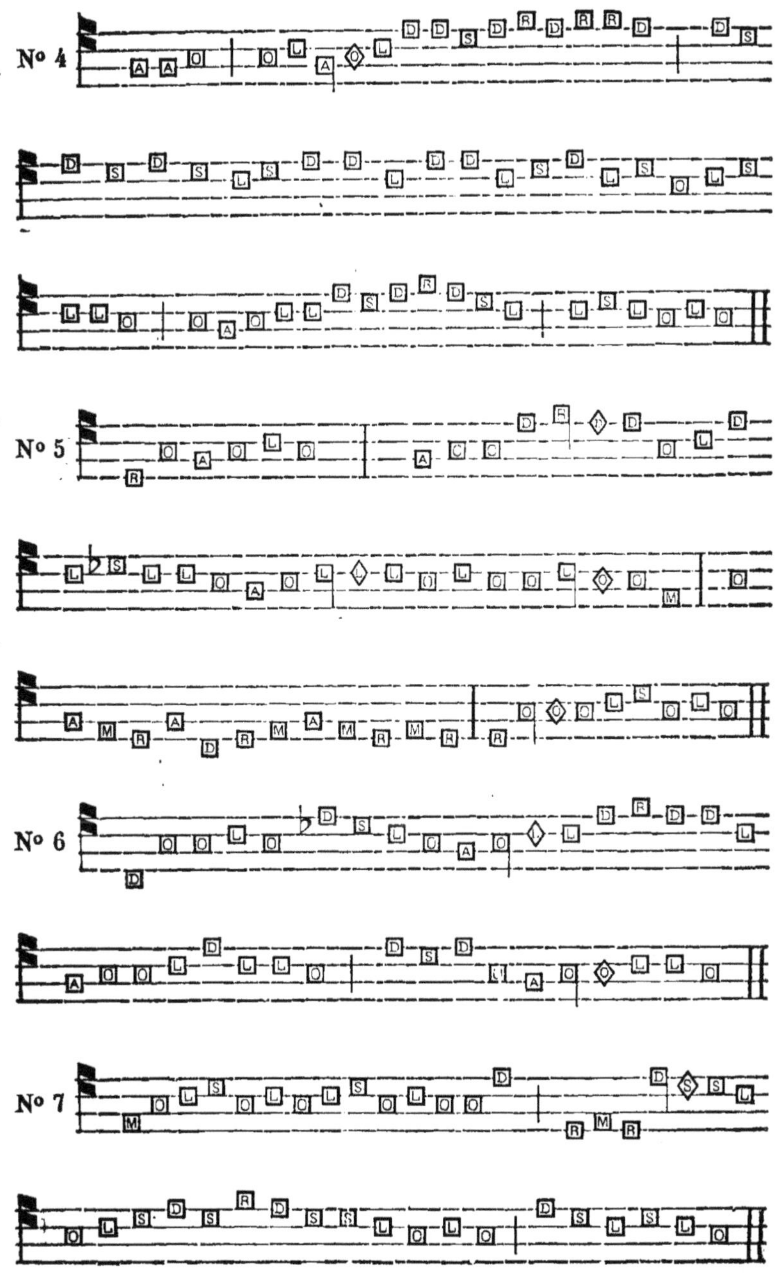
Nº 4
Nº 5
Nº 6
Nº 7

APPLICATION DES NOTES AUX PAROLES

INTROÏT DU 3e DIMANCHE APRÈS PAQUES

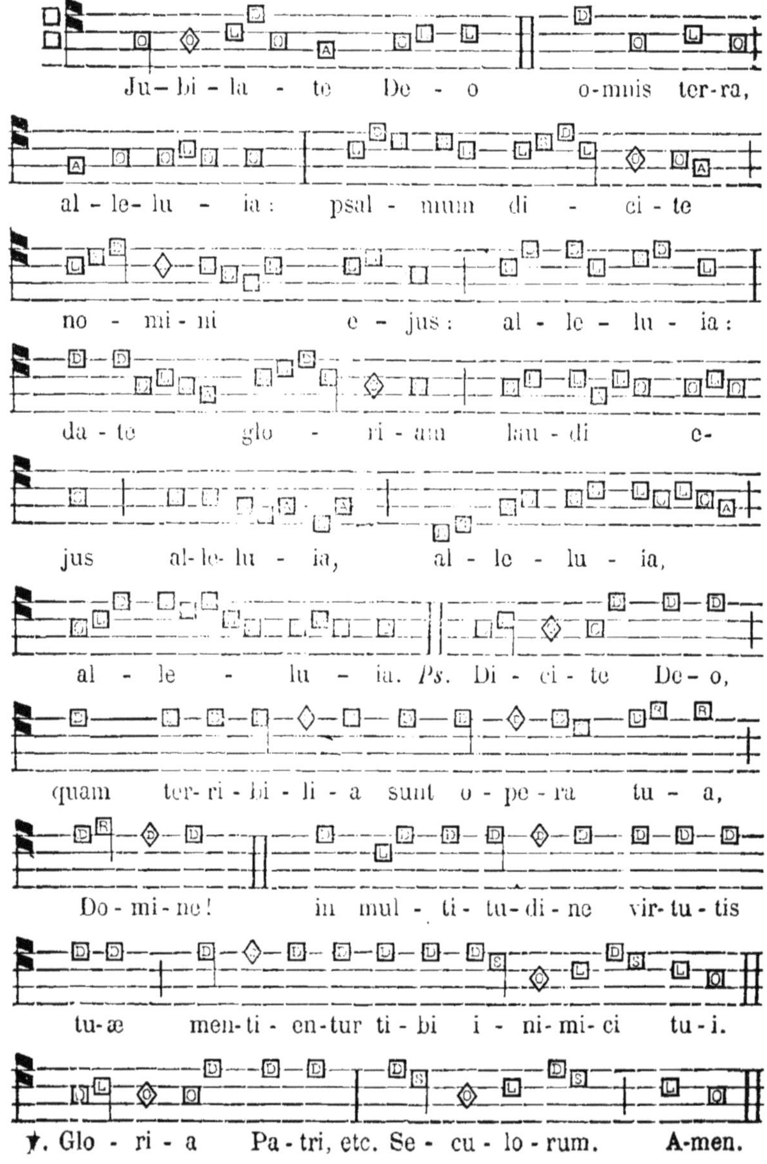

QUINZIÈME LEÇON

TONS DES PSAUMES

Avec toutes leurs terminaisons indiquées par les lettres ordinaires.

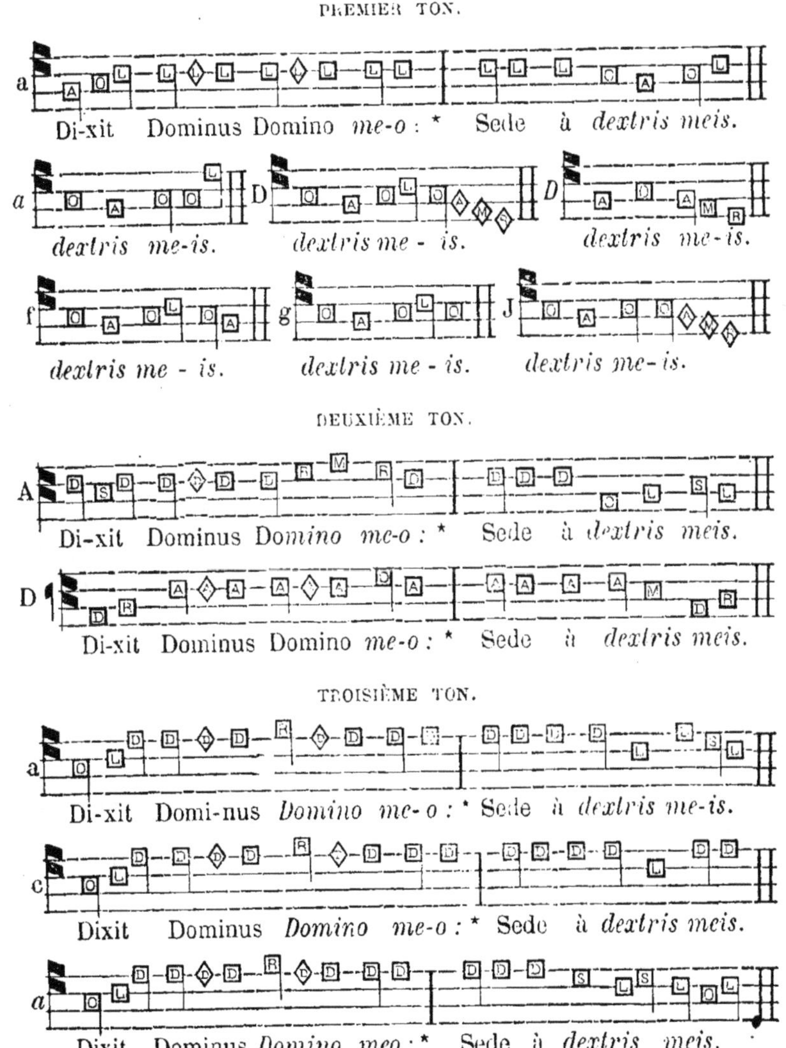

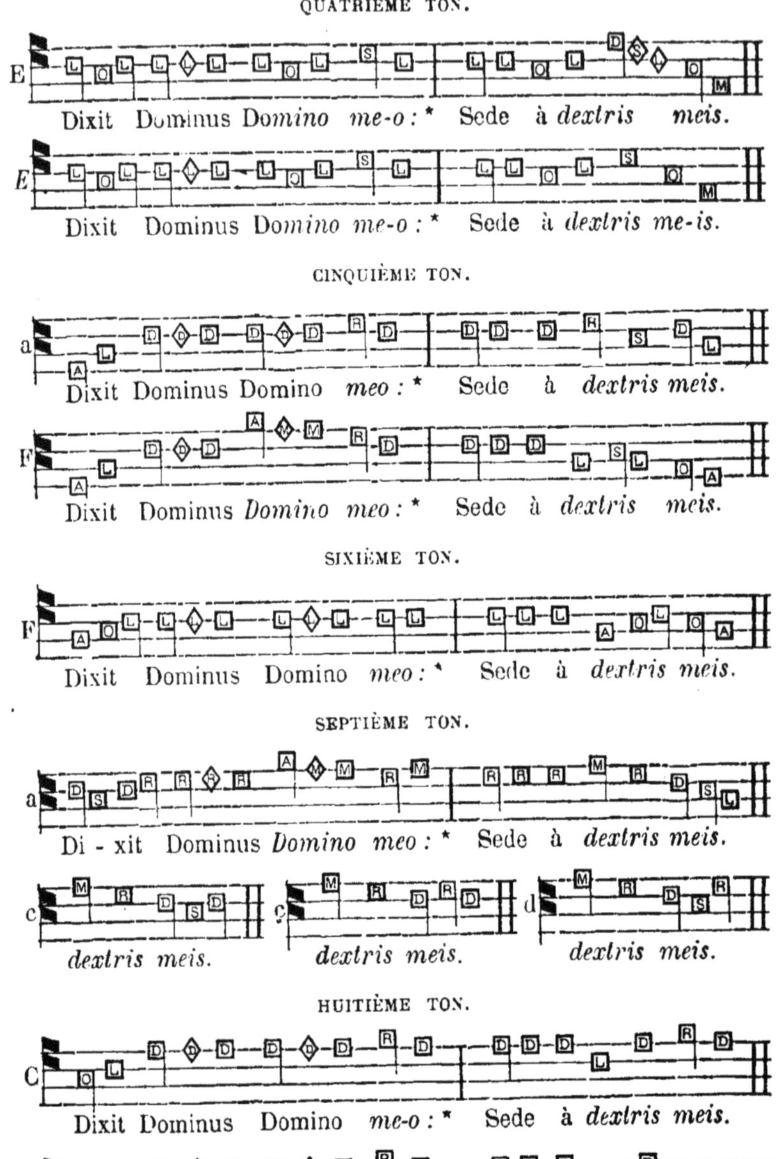

Dixit Dominus Domino *me-o :* * Sede à *dextris meis.*

SEIZIÈME LEÇON

CHANT DES PSAUMES A UNE ET DEUX VOIX

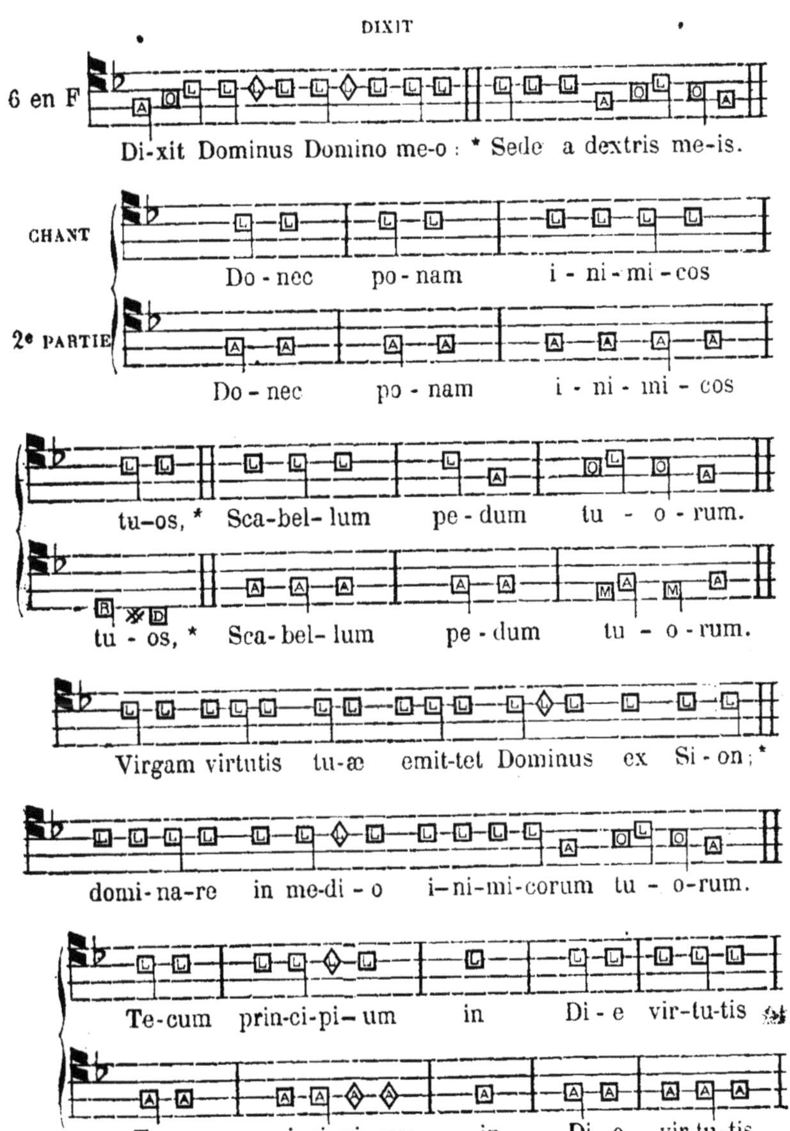

tu-æ, in splendo-ri-bus sanctorum : * ex u-te-ro
tu-æ, in splendo-ri-bus sanctorum : * ex u-te-ro
an-te lu-ci-fe-rum ge-nu-i te.
an-te lu-ci-fe-rum ge-nu-i te.
Ju-ra-vit Dominus, et non pœ-ni-te-bit eum ;* Tu es
sa-cerdos in æ-ternum secundum or-di-nem Melchisedech.
Domi-nus a dextris tu-is : * confre-git
Dominus a dextris tu-is : * confre-git
in di-e i-ræ su-æ re-ges.
in di-e i-ræ su-æ re-ges.

Ju-di-ca - bit in na - ti - o- ni-bus, imple-bit ru- i-
as; * conquas-sa-bit ca-pi-ta in terra mul- to-rum.
De torren-te in vi - a bi-bet: *
De torrente in vi - a bi - bet: *
propter - e - a ex-al- ta- bit ca - put.
prop-ter- e - a ex-al-ta - bit ca - put.
Glo-ri - a Pa-tri, et Fi-li- o , et Spi-ri-tu- i sancto.
Si-cut e- rat in prin-ci-pi- o, et nunc, et
Si-cut e-rat in prin-ci-pi - o, et nunc, et
semper: * et in se-cu-la se-cu-lo-rum. Amen.
sem-per: * et in se-cu- la se-cu-lo-rum. Amen.

Psaume 116

LAUDATE DOMINUM

Solo et chœur à 3 voix

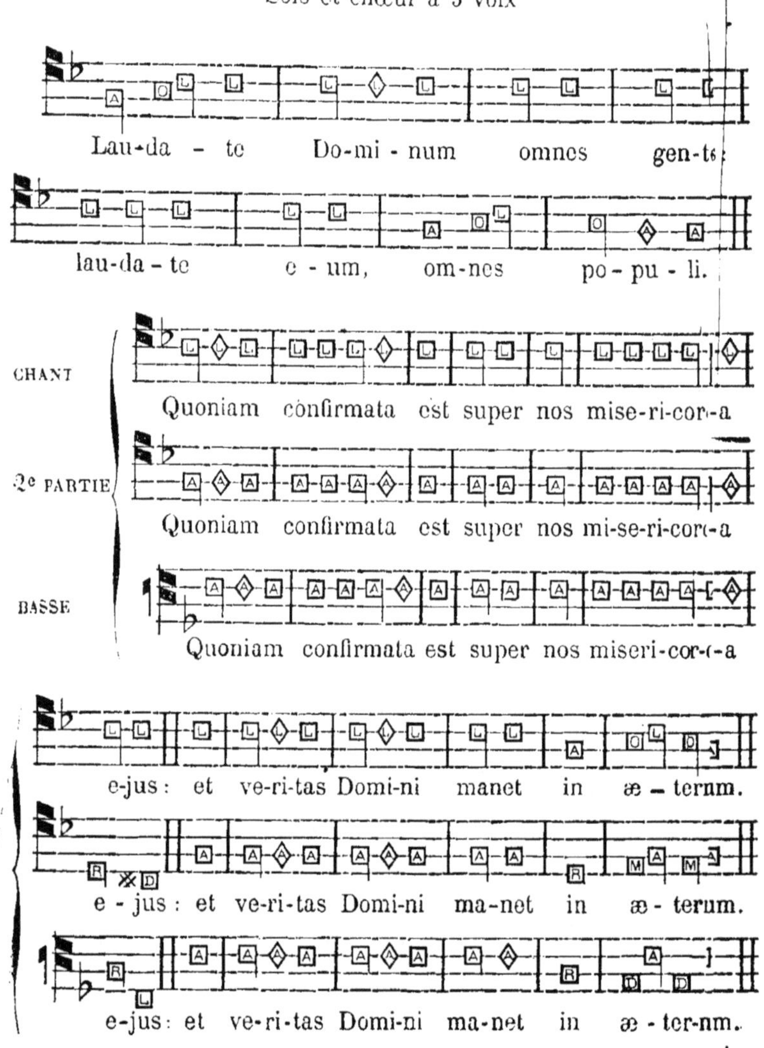

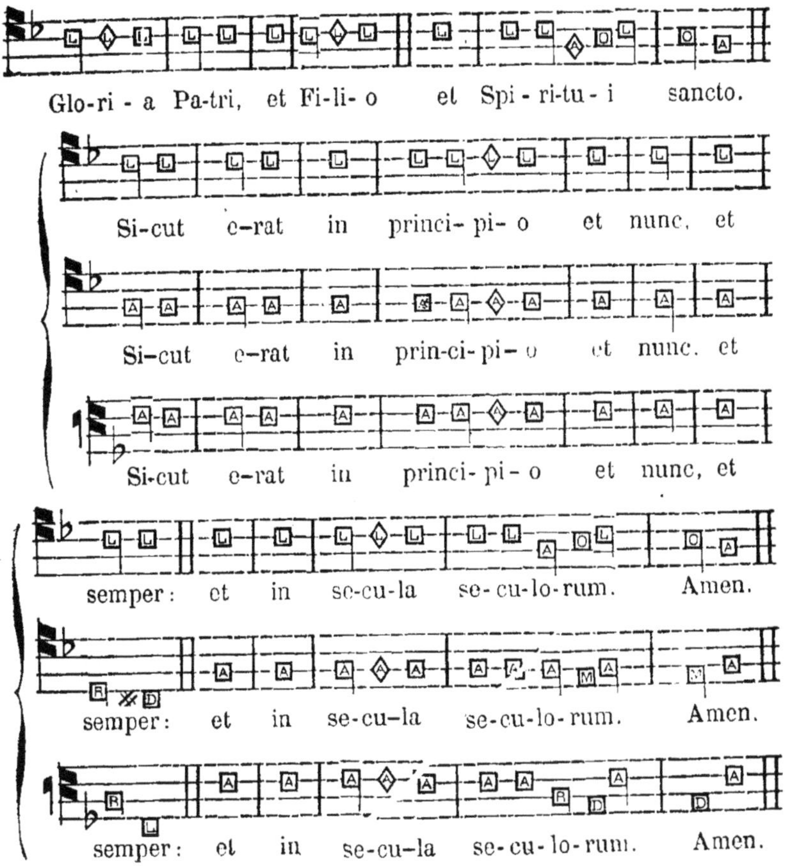

Glo-ri - a Pa-tri, et Fi-li- o et Spi - ri-tu - i sancto.
Si-cut e-rat in princi- pi- o et nunc, et
Si-cut e-rat in prin-ci- pi- o et nunc. et
Si-cut e-rat in princi- pi - o et nunc, et
semper: et in se-cu-la se- cu-lo-rum. Amen.
semper: et in se-cu-la se-cu-lo- rum. Amen.
semper: et in se-cu-la se- cu- lo- rum. Amen.

EXERCICE SUR LE DIÈSE A LA CLEF

CHANT DU CANTIQUE MAGNIFICAT

Solo et chœur à 3 voix

Ré en mi.

Ma-gni - fi-cat a-ni-ma me- a Domi-num;

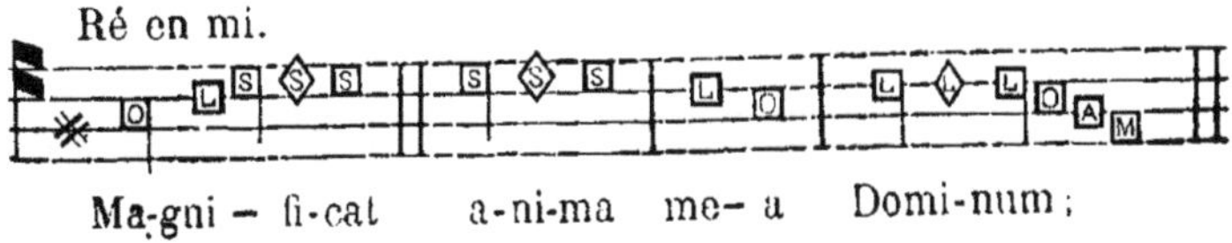

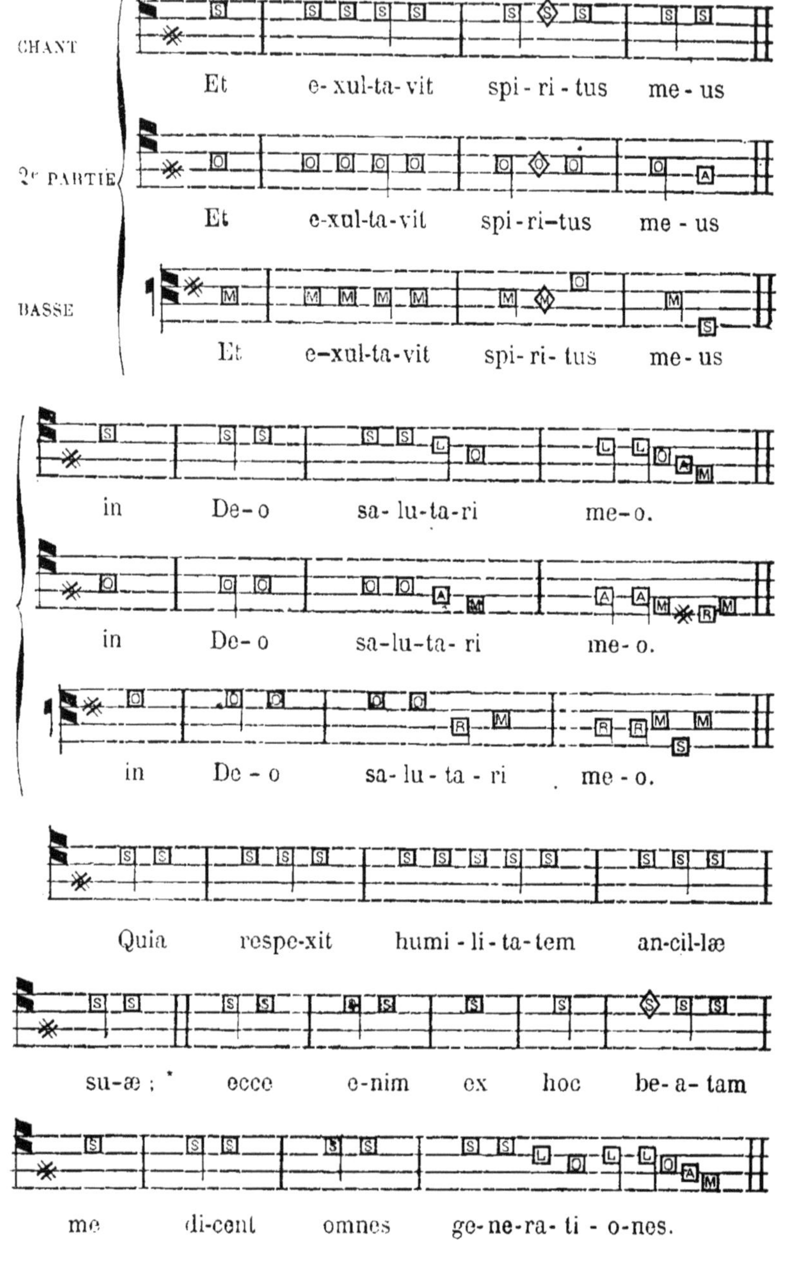
CHANT
Et e-xul-ta-vit spi-ri-tus me-us
2e PARTIE
Et e-xul-ta-vit spi-ri-tus me-us
BASSE
Et e-xul-ta-vit spi-ri-tus me-us
in De-o sa-lu-ta-ri me-o.
in De-o sa-lu-ta-ri me-o.
in De-o sa-lu-ta-ri me-o.
Quia respe-xit humi-li-ta-tem an-cil-læ
su-æ ; * ecce e-nim ex hoc be-a-tam
me di-cent omnes ge-ne-ra-ti-o-nes.

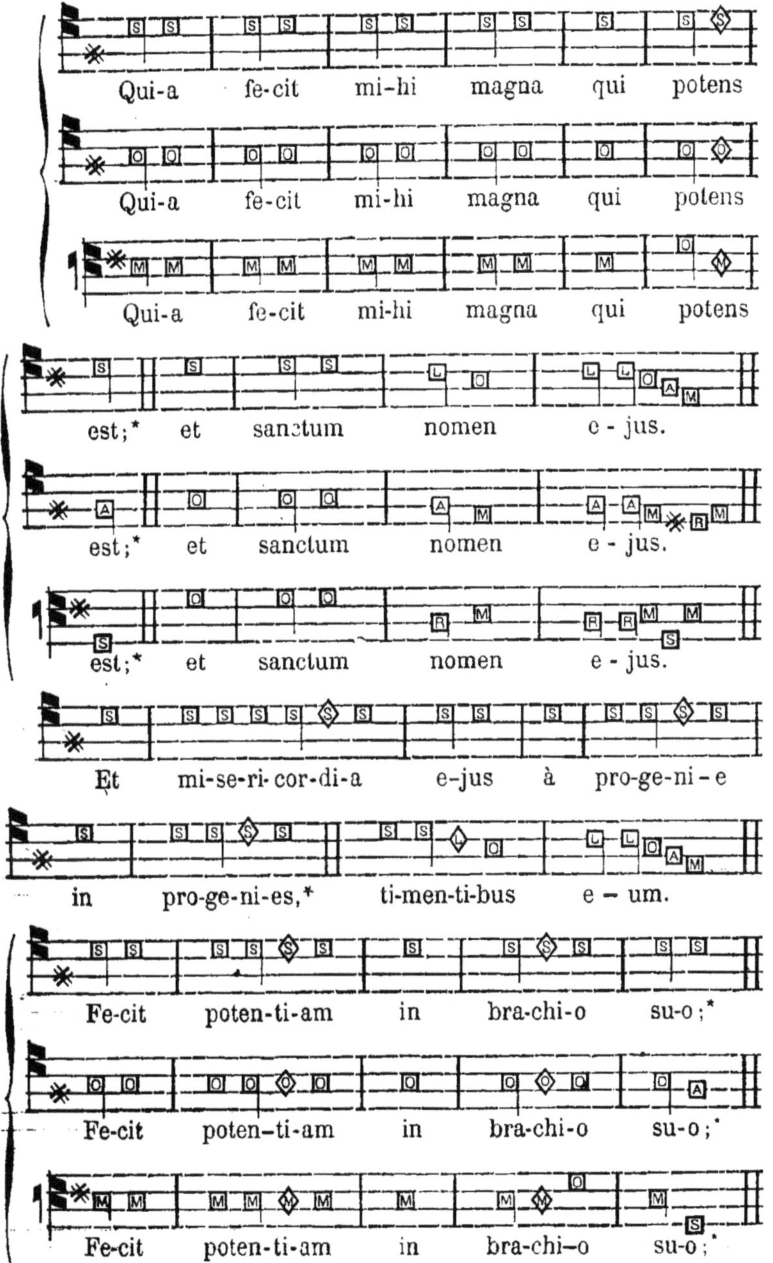
Qui-a fe-cit mi-hi magna qui potens
Qui-a fe-cit mi-hi magna qui potens
Qui-a fe-cit mi-hi magna qui potens
est;* et sanctum nomen e - jus.
est;* et sanctum nomen e - jus.
est;* et sanctum nomen e - jus.
Et mi-se-ri-cor-di-a e-jus à pro-ge-ni - e
in pro-ge-ni-es,* ti-men-ti-bus e – um.
Fe-cit poten-ti-am in bra-chi-o su-o;*
Fe-cit poten–ti-am in bra-chi-o su-o;*
Fe-cit poten-ti-am in bra-chi–o su-o;*

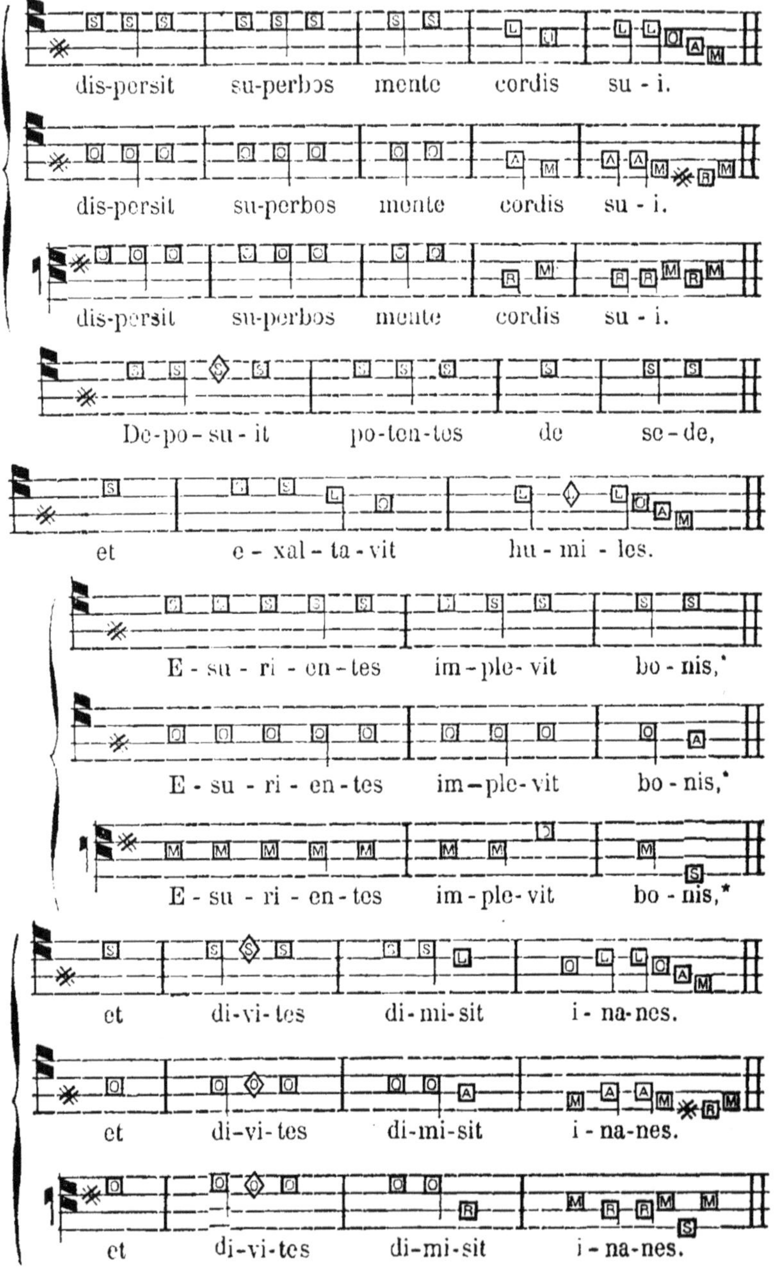

dis-persit su-perbos mente cordis su - i.
dis-persit su-perbos mente cordis su - i.
dis-persit su-perbos mente cordis su - i.
De-po-su-it po-ten-tes de se-de,
et e-xal-ta-vit hu-mi-les.
E-su-ri-en-tes im-ple-vit bo-nis,*
E-su-ri-en-tes im-ple-vit bo-nis,*
E-su-ri-en-tes im-ple-vit bo-nis,*
et di-vi-tes di-mi-sit i-na-nes.
et di-vi-tes di-mi-sit i-na-nes.
et di-vi-tes di-mi-sit i-na-nes.

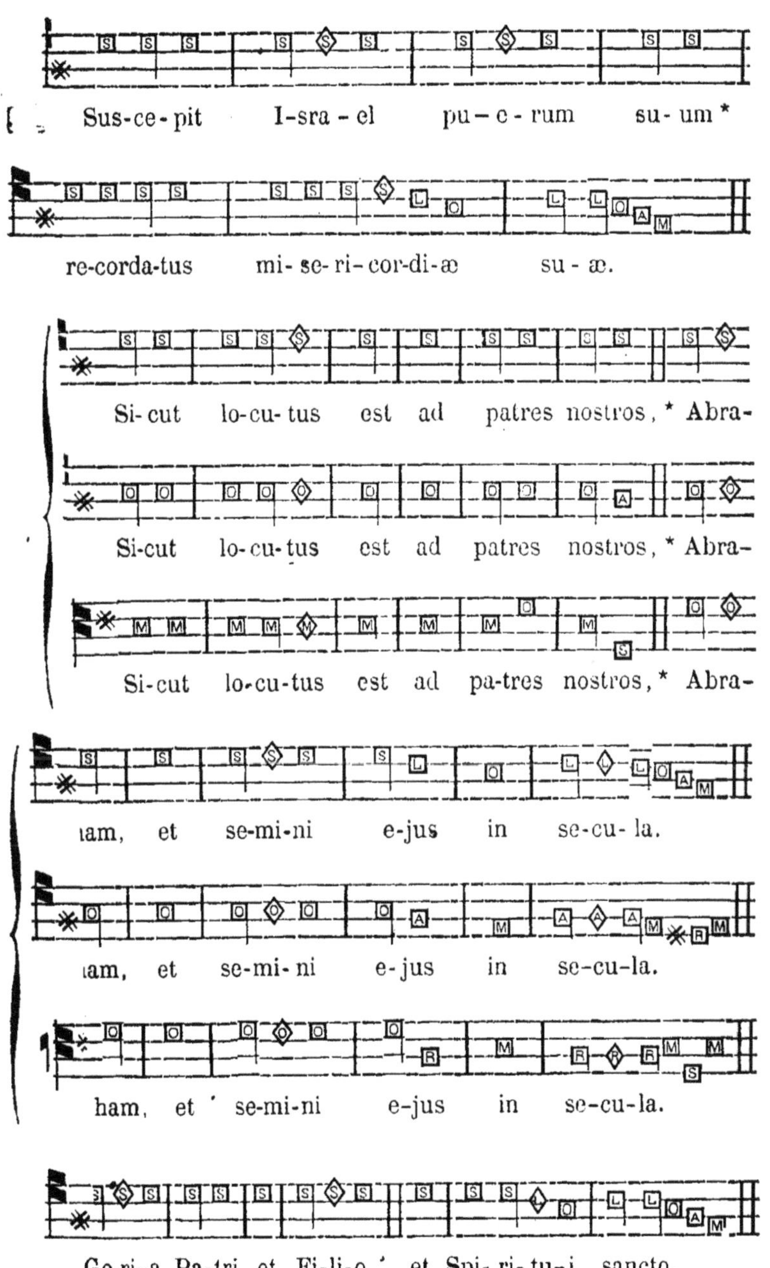
Sus-ce-pit I-sra-el pu-e-rum su-um *
re-corda-tus mi-se-ri-cor-di-æ su-æ.
Si-cut lo-cu-tus est ad patres nostros, * Abra-
Si-cut lo-cu-tus est ad patres nostros, * Abra-
Si-cut lo-cu-tus est ad pa-tres nostros, * Abra-
ıam, et se-mi-ni e-jus in se-cu-la.
ıam, et se-mi-ni e-jus in se-cu-la.
ham, et se-mi-ni e-jus in se-cu-la.
Go-ri-a Pa-tri et Fi-li-o, et Spi-ri-tu-i sancto.

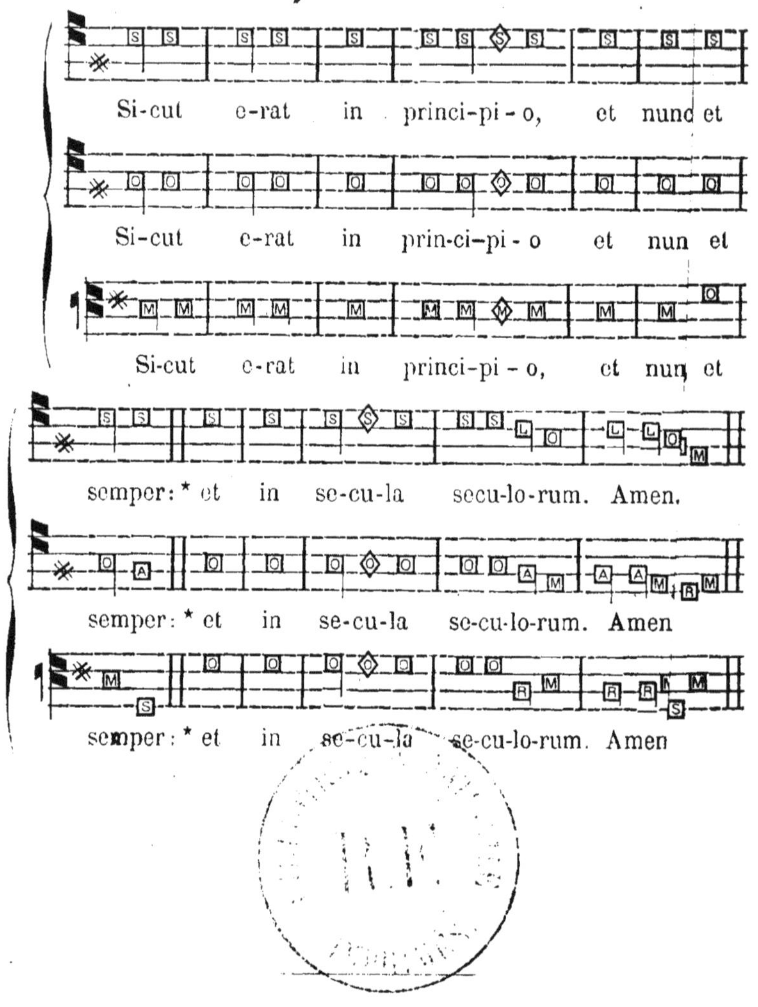

Saint-Maixent, typ. Ch. Reversé.

PAROISSIEN ROMAIN NOTÉ

SUIVANT CE SYSTÈME FACILE

A L'USAGE DES FIDÈLES, DES ENFANTS DE CHŒUR ET DES ÉCOLES

Contenant : Les chants communs de la Messe, des Vêpres et des Saluts, de tous les offices des dimanches et des fêtes de l'année.

1 beau volume in-18, reliure basane. . 1 fr. 60 c., *franco*.
La douzaine. . . . . 18 fr.
Le même, basane gaufrée, tr. dorée. . 2 fr.
La douzaine. . . . . 21 fr.

Nota. — Indiquer quel chant on suit, soit édition de Rennes, Reims, Avignon, Lyon, Dijon, etc. — On a fait des tirages spéciaux.

APPROBATION

DE SON ÉMINENCE, MONSEIGNEUR LE CARDINAL DONNET

ARCHEVÊQUE DE BORDEAUX.

« Bordeaux, le 24 janvier 1870.

« Monsieur,

« Le PETIT SOLFÉGE DES ÉCOLES, comme le PA-« ROISSIEN ROMAIN NOTÉ qui en est le résumé le plus « fidèle, sera pour toute cette jeunesse intéressante, un motif « de plus à étudier sérieusement le plain-chant de nos églises.

« La méthode courte et facile de votre premier travail, « sera, soyez-en sûr, Monsieur, couronnée d'un plein succès.

« Ne doutez pas un instant du bonheur que j'éprouve à « vous en féliciter, et veuillez agréer en même temps l'hom-« mage de mes sentiments affectueux.

« † FERDINAND CARD. DONNET
« Arch. de Bordeaux.»

www.ingramcontent.com/pod-product-compliance
Ingram Content Group UK Ltd.
Pitfield, Milton Keynes, MK11 3LW, UK
UKHW021021180726
13838UKWH00004B/1601